LE
CLUB DES JACOBINS DE METZ

PAR

Léon BULTINGAIRE

Attaché a la Bibliothèque de la Sorbonne

PARIS, CHAMPION
Quai Voltaire, 9

METZ, VANIÈRE
Rue des Jardins, 10

1906

LE CLUB DES JACOBINS

DE METZ

LE

CLUB DES JACOBINS

DE METZ

PAR

Léon BULTINGAIRE

ATTACHÉ A LA BIBLIOTHÈQUE DE LA SORBONNE

PARIS, CHAMPION | METZ, VANIÈRE
Quai Voltaire, 9 | Rue des Jardins, 10

1906

INTRODUCTION

Destruction des sources principales de documentation.
Comment on peut y suppléer.

L'histoire du club des Jacobins de Metz aurait à peine besoin d'être écrite, elle pourrait l'être en tout cas avec la plus grande facilité si les archives de cette société n'avaient été entièrement détruites dans les années qui suivirent sa dissolution (1). Nous n'avons plus ce registre des procès-verbaux, qui aurait été d'une si grande utilité pour nous faire connaître, non seulement la vie de la société au jour le jour, mais celle de la cité elle-même à une époque où tous les événements avaient leur écho dans les discussions de la Société populaire. Mais il n'y a pas que ce précieux registre, dont nous ayons à déplorer la perte ;

(1) Nous trouvons en effet la décision suivante dans le registre des délibérations de la commune de Metz, 26 mars an 4 [14 juillet 1796] : « Le Directeur de l'Arcenal de cette place et le ministre de la guerre demandant à l'administration des papiers inutiles pour les employer à la confection des gargousses, l'administration a arrêté de mettre à la disposition de ce directeur les papiers de la ci-devant Société populaire, déposés au Secré·tariat de l'Administration comme papiers inutiles. »

nous n'avons ni les listes de membres, ni les comptes du trésorier, ni la correspondance, ni tous ces papiers enfin, dont l'importance était devenue à un moment si considérable, qu'on avait dû créer la fonction d'archiviste non prévue dans les statuts primitifs. Il semblerait en outre qu'on se soit appliqué à faire disparaître des archives départementales de la Moselle et des archives municipales de Metz les pièces émanant directement de la Société car le nombre de celles qui nous ont été conservées est excessivement restreint et hors de proportion avec l'importance des rapports que la Société entretint avec les administrations locales.

Cette destruction heureusement n'a pas été complète, et peut être réparée en partie. C'est qu'en effet la Société populaire de Metz, n'ayant pas borné son action à la ville seulement où elle avait son siège, mais l'ayant étendue dans le district, dans le département et même au-delà, il a été possible de recueillir ces extraits de procès-verbaux, qu'elle faisait imprimer en grand nombre (1) et répandait autour d'elle, lorsqu'une décision importante avait été prise ou qu'un discours remarquable avait été prononcé dans son sein. D'autre part si la correspondance qu'elle recevait a été détruite, on n'a pas pu détruire de la même façon celle qu'elle envoyait à d'autres sociétés, à celle de Paris par exemple qui en fait fré-

(1) Nous lisons dans les extraits de procès-verbaux que l'impression d'un discours a été votée à raison de 1000 exemplaires, de 1200 même comme ce fut le cas pour un discours prononcé le 30 avril 1793.

quemment mention dans les procès-verbaux qu'elle nous a laissés (1). Les registres de délibération du corps municipal et du conseil général de la commune de Metz, ceux du district et du département (2) ont gardé la trace des rapports forcés ou voulus que ces assemblées entretinrent avec la Société.

Enfin les procès-verbaux de la Convention (3) et les Actes du comité de salut public (4) nous renseignent avec beaucoup d'exactitude sur les relations qu'eut la Société soit avec l'assemblée elle-même soit avec les représentants en mission dans le département.

Nous avons cru qu'il serait possible, en réunissant ces différentes sources d'information, de jeter un coup d'œil sur cette Société qui eut une existence si courte mais si agitée et si intimement liée aux événements politiques les plus importants.

Nous avons naturellement suivi dans cette étude l'ordre chronologique qui nous a semblé le seul rationnel. On ne peut dire en effet que la Société se soit groupée autour d'un homme, quelque grande qu'ait été l'influence de certaines personnalités, ni qu'elle se soit attachée spécialement à une idée, encore qu'elle en ait défendu beaucoup avec une extrême vigueur.

---

(1) Aulard La Société des Jacobins.

(2)-Ces registres fort bien tenus et en très bon état sont conservés les premiers aux archives municipales annexées à la Bibliothèque de Metz, les derniers aux archives de la présidence dans l'ancienne préfecture.

(3) Procès-verbal de la Convention imprimé par son ordre. Paris, Imprimerie nationale.

(4) Actes du Comité de salut public, (en cours de publication).

Elle ne sut même pas conserver un nom définitif. Le nom de « Société des amis de la Constitution » fut celui que ses membres lui donnèrent tant que la diffusion des principes de cette constitution leur parut devoir être le but de leurs efforts. Elle s'appela « Société des amis de la liberté et de l'égalité » à partir du jour où elle eut choisi un autre idéal. Elle fut toujours désignée sous le nom de « Société populaire » en raison des éléments qu'elle groupait et de l'action qu'elle prétendait exercer et sous celui de « Société républicaine » à partir de la chute du roi.

Quant au nom de Jacobin ce ne fut d'abord à Metz, comme à Paris, qu'un surnom donné par dérision aux éléments les plus avancés, mais les membres s'en parèrent comme d'un titre honorifique à l'époque où la Société atteignit son apogée et se le firent donner dans les procès-verbaux officiels. Ils n'y renoncèrent qu'à partir du moment où cette appellation devint un danger pour l'existence de la Société.

CHAPITRE PREMIER

*Constitution de la Société. Premiers discours et pre-
miers actes. Propagation des réformes de la Constituante. Lutte contre le marquis de Bouillé.*

Nous ignorons à quelle date exacte se réunirent
les premiers citoyens qui formèrent la Société des
amis de la constitution de Metz. En l'absence de tous
documents précis, on peut tout au plus supposer que
ceux qui créèrent la Société étaient les mêmes que
ceux qui avaient organisé à Metz le mouvement démocratique destiné à faciliter l'élection de Rœderer
aux Etats Généraux en remplacement de Magean.
Les liens que Rœderer eut dès le principe avec la société et l'influence dont il y jouissait sont des preuves
qui corroborent cette supposition. Au 1ᵉʳ avril 1790 en
tout cas, l'organisation de la société était assez avancée pour qu'elle put élaborer un règlement définitif (1).

Les considérations qui précèdent les statuts, si on
s'en tient au texte même, nous montrent leurs auteurs comme des hommes sages et modérés, désireux
d'arriver à une conception plus nette de la vérité par
la mise en commun de leurs lumières et de leurs ta-
lents. On y chercherait en vain l'expression de senti-

(1) Voir ce règlement dans les pièces justificatives.

ments de haine ou de malveillance envers les personnes ou les institutions. Il n'y est question que d'estime réciproque, de confiance et d'amitié devant aboutir à la félicité publique et au bonheur de l'humanité. Il est bien entendu cependant et la chose est dite formellement, que ceux qui se réuniront à la Société « doivent être propres à répandre les principes de l'assemblée nationale » et à se vouer « à l'exécution de ses décrets » et « qu'ils respecteront la dignité de l'homme et connaîtront ses droits ».

Un paragraphe cependant nous laisse entrevoir que les organisateurs de la société populaire n'ont pas l'intention de seulement planer au-dessus des événements en laissant à d'autres le souci et l'honneur des fonctions publiques. Il est question en effet de ne pas refuser l'entrée de la Société à « ceux qui voyant les richesses de l'Etat et les honneurs qu'il dispense devenus la proie d'une certaine classe de citoyens se contentaient d'en gémir en secret ». Mais qui entend-on désigner par ces mots, quels sont ceux qui, à cette époque, détenaient comme une proie les richesses de l'Etat? Ce ne sont sans doute pas les anciennes classes privilégiées, qui à cette date avaient déjà renoncé à leur situation de faveur ou s'en étaient vues dépouillées. Il s'agit bien plutôt de cette haute bourgeoisie qui avait accueilli avec faveur une révolution qui avait eu pour conséquence d'abaisser la dernière barrière qui la séparait de la noblesse, mais qui prétendait garder la situation prédondérante qu'elle avait dans le pays. Les hommes de cette classe tenaient maintenant de l'élection ce qu'autrefois on tenait de la faveur du roi, les fonctions municipales et surtout départementales leur étaient échues, ils se considéraient comme à leurs places naturelles et regardaient d'un mauvais œil ceux qui prétendaient leur contester ce droit. Nous verrons plus loin ce que firent ces hommes pour s'opposer au progrès de la révolution et quelles luttes s'engagèrent entre eux et la Société populaire.

Si nous passons à l'examen des statuts, nous voyons qu'ils se rapprochent beaucoup de ceux de la Société de Paris, à laquelle d'ailleurs celle de Metz se déclare affiliée (1). C'est le même souci que dans la Société mère d'empêcher des individus d'acquérir une autorité prépondérante sur leurs collègues en rendant aussi courte que possible la durée des fonctions de président et de secrétaire. Pour empêcher qu'un membre ne puisse se prévaloir de la faveur avec laquelle il a été accueilli, il est établi qu'on ne pourra être présenté par plus de 3 membres et que l'acceptation du candidat ne sera soumise au scrutin qu'en cas d'opposition.

La Société était ouverte à tous, mais le paiement d'un droit d'entrée de 6 livres et d'une cotisation mensuelle de 24 sols était une condition que ne pouvait peut-être pas remplir tous ceux qui étaient épris du désir de propager la constitution. Aussi voyons-nous

(1) Ce renseignement est important car la liste la plus ancienne des sociétés affiliées aux Jacobins de Paris ne remonte pas au-delà du 7 mars 1791. Nous avons ici la preuve que la Société de Metz était déjà affiliée au 1ᵉʳ avril 1790.

qu'à côté des membres de la Société proprement dits il y avait les auditeurs ou « citoyens des tribunes » qui ne payaient pas de cotisations et écoutaient les discussions sans y prendre part. C'était surtout sur « ces citoyens des tribunes » gens simples et sans instruction, que la Société prétendait agir en leur expliquant les avantages de la nouvelle constitution et en cherchant à en faire de véritables citoyens.

L'examen de quelques pièces de cette époque émanant de la Société nous fera mieux voir qu'elles étaient ses opinions et ses tendances.

Nous avons d'abord, de 1790 mais sans indication de mois, un discours adressé aux soldats (1) pour les engager à respecter les lois et la tranquillité publique. Il est plein de cordialité et débute ainsi : Braves soldats et frères d'armes ! La France régénérée par des lois justes et bienfaisantes ne doit voir en vous que des citoyens paisibles. » L'auteur fait son possible pour démontrer aux soldats qu'ils participent aux bienfaits de la nouvelle constitution et que toute atteinte à la discipline serait un crime contre la nation. L'armée, les troupes de ligne surtout, avait en ce moment fort besoin de pareils conseils. Entendant parler autour de lui de liberté et d'égalité, le soldat supportait plus difficilement les rigueurs de la discipline et les nécessités de la hiérarchie. Bouillé en était réduit, de son propre aveu, pour attacher les soldats à leur service, à exciter leur jalou-

(1) Adresse des amis de la constitution de Metz aux troupes de ligne. A Metz de l'imprimerie Claude Lamort.

sie contre les civils. Il semblait donc qu'on ne pouvait les empêcher de haïr leurs chefs qu'en les invitant à détester le bourgeois, deux sentiments également préjudiciables à la tranquillité des garnisons. L'affaire de Nancy devait montrer quelle tournure pouvaient prendre les événements dans de pareilles circonstances. La Société nous apparaît donc ici comme une gardienne soigneuse de l'ordre, collaboratrice dévouée des autorités constituées.

Une autre pièce datant de la même année nous montre la Société faisant de la propagande en faveur de la nouvelle organisation du clergé. « Les déclarations d'un curé (1) » que la Société fit réimprimer à ses frais, soit qu'elle manquât d'orateurs capables de mieux traiter la question, soit que ce discours jouit alors d'une véritable réputation étaient l'œuvre de F. H. Laurent, curé d'Huillaux, député de l'Allier.

C'est l'exposé des arguments, développés communément alors, pour défendre l'œuvre de l'Assemblée nationale et faire accepter la constitution civile du clergé. Celle-ci, disons-le, avait peu de succès à Metz comme d'ailleurs dans le département, elle était mal vue de la partie vraiment religieuse de la population et les prêtres qui l'avaient acceptée ne se maintenaient que grâce à l'appui des autorités (2). Ceux plus

(1) Déclaration d'un curé, membre de l'Assemblée nationale, sur la constitution du clergé, réimprimé aux frais de la Société des Amis de la constitution de Metz. S. d. Metz, Lamort, 16 pages.

(2) La situation religieuse dans le département à cette époque est exposée dans le livre récent de Floranges intitulé : Francin, évêque de Metz. Paris, Champion, 1905.

nombreux qui avaient refusé de se soumettre conti-
nuaient à exercer leur ministère ; la proximité de
la frontière et l'appui secret des autorités départementales leur facilitaient cette tâche. Le jour où la Société populaire de Metz décida l'impression du discours de Laurent, elle se crut apte sans doute à tran-
cher les questions religieuses, car elle déclara « que
le curé, qui l'avait composé, était aussi bon citoyen
que chrétien éclairé. »

Malgré ce que nous avons dit ou supposé plus haut
des sentiments de la Société envers les hommes
alors en fonction, il semble bien qu'elle ne se trouva
pas, dès les premiers temps, en but à leur animosité.
Le corps municipal en particulier eut même à
l'origine en elle une alliée lorsqu'il s'agit pour lui de
faire reconnaître par le peuple et par les partisans
de l'ancien régime son autorité de corps élu. L'assemblée municipale se rapprochait d'ailleurs de la
Société par le caractère démocratique de son élection
et la publicité de ses séances. On n'en pouvait dire
autant de l'administration départementale, à la tête
de laquelle était placé le baron de Hunolstein, qui
conservait dans sa tenue un peu de cette hauteur rappelant l'ancien régime et dont les membres apparte-
naient alors aux éléments les plus modérés du pays.
Le marquis de Bouillé confond dans les mêmes ana-
thèmes les clubs et les municipalités ligués contre
lui, tandis que, parlant d'une tournée qu'il fit vers la
fin de l'année 1790 dans les départements frontières,
il déclare qu'il en trouva presque tous les administra-

leurs franchement royalistes (1). Leur tournure d'esprit et leur attitude équivoque excitaient en tous cas l'inquiétude de la municipalité aussi bien que de la Société populaire. A la date du 4 novembre 1790 une députation de 10 citoyens vont apporter au conseil général du département de la Moselle une pétition signée de 150 noms pour demander la publicité des séances. Appuyée par la municipalité, la proposition fut rejetée par les membres de l'administration départementale qui se retranchèrent derrière leur défaut de compétence (2).

Il paraît aussi que la Société des amis de la constitution trouvait en face d'elle une propagande opposée à la sienne. Dans sa correspondance avec la Société de Paris, elle parle d'une horde monarchique dont les efforts tendent, à Metz comme à Paris, à faire naître des troubles. La Société est là heureusement qui les empêche de se réunir et porte une surveillance active sur toutes leurs démarches (3). Une autre fois elle fait allusion à des écrits incendiaires qui auraient été envoyés à Metz par le Club monarchique de Paris (4).

La position de Metz à la frontière et sa qualité de forteresse lui créaient une situation spéciale qui n'était pas sans influer sur son développement politique. Alors que dans d'autres parties de la France, on avait

(1) Mémoires de Bouillé.
(2) Délibérations du conseil général du département de la Moselle. Séance du 4 novembre 1790.
(3) AULARD. La Société des Jacobins. Séance du 11 avril 1791.
(4) AULARD. La Société des Jacobins. Séance du 13 avril 1791.

vu disparaitre avec l'ancienne division du territoire
ceux qui sous le nom de gouverneurs et d'intendants
représentaient le pouvoir absolu du roi, les pays frontières avaient vu les chefs militaires maintenus sous
un autre nom à la tête des troupes et au commandement des territoires. Ces hommes gardaient de leurs
anciennes fonctions et de leurs traditions de famille
des préjugés qui mettaient obstacle à une bonne en-
tente avec les administrateurs locaux, nommés désormais à l'élection.

Celui qui commandait à Metz était le marquis de
Bouillé, autrefois commandant de la province des trois
évêchés, devenu dès lors général en chef de l'armée
de Meuse, Sarre et Meurthe. Il avait fait la guerre
d'Amérique, mais n'en était pas revenu comme La
Fayette avec le désir ardent de propager dans son
pays les principes de ceux pour lesquels il avait
combattu. Son opposition au nouvel ordre de choses
était fondée moins sur le regret de privilèges, dont il
voyait lui-même l'abus, que sur son dévouement et
son respect pour le roi. Il ne comprenait pas que le
roi put concéder quelques droits au peuple sans se
diminuer lui-même. Sés opinions personnelles sem-
blent se résumer dans la réponse qu'il fit un jour à
Emmery : « Je ne suis ni aristocrate, ni démocrate,
je suis royaliste, obéissant à votre constitution que
je trouve détestable parce que le roi l'a reconnue ;
mais si le roi s'en détachait, je l'abandonnerais avec
lui (1). »

(1) Mémoires du marquis de Bouillé. Tome II, page 30.

Les clubs, les Jacobins en particulier, trouvèrent toujours en lui un ennemi acharné. « Les anarchistes et les Jacobins, nous dit-il, m'ont appelé un lâche et un infâme, les constitutionnels un parjure .. j'ai méprisé les premiers qui sont des scélérats ou des fous (1) ». Les clubs de leur côté, devinant quel adversaire implacable ils avaient en face d'eux, faisaient tout leur possible pour diminuer son autorité aux yeux du peuple et des soldats. « A Metz, dit-il, j'étais toujours tourmenté, j'avais des querelles avec la municipalité et avec le club patriotique qu'excitait le peuple contre moi (2) ».

Si Bouillé était tourmenté par la municipalité et le club patriotique, il faut dire qu'il faisait pour cela tout ce qu'il fallait, en s'opposant de tout son pouvoir à l'extension des idées révolutionnaires dans les limites de son commandement.

Gardien des arsenaux, il se prêta de mauvaise volonté à l'armement de la Garde nationale, prescrit cependant par une loi, et ne consentit à armer que la partie de la population dont il craignait le moins les excès démagogiques. Usant de son autorité de commandant en chef des places fortes, il traita en ennemies les délégations de gardes nationales venues des environs et leur refusa l'entrée de la ville. A plus forte raison s'opposa-t-il de tout son pouvoir à ces fédérations, où l'on voyait fraterniser non seulement les gardes nationaux, mais aussi les troupes de ligne.

(2) Mémoires du marquis de Bouillé. Tome II, page 8.
(3) Mémoires du marquis de Bouillé. Tome II, page 130.

La fidélité à la nation était pour lui un mot vide de
sens et ses troupes prêtèrent le serment de fidélité
exigé par la loi sans que lui-même consentit d'abord
à se soumettre à cette obligation. Mais les protestations de la Société populaire furent tellement fortes à
cette occasion, leur écho si considérable, qu'il dut enfin
céder et prêter à deux reprises ce serment qu'il consi·
dérait comme un sacrilège (1). Encore ne le fit-il que
sur les conseils du ministre de la guerre M. de la Tour
du Pin, son ami, sur l'invitation personnelle du roi
et dans l'intérêt du but qu'il entendait poursuivre.

Ce but qui était le rétablissement de la royauté
dans ses droits antérieurs, Bouillé ne pouvait l'at-
teindre que s'il conservait autour de lui une armée
dévouée à sa personne et à celle du roi, rebelle aux
idées de la nation. La société populaire s'appliqua de
toutes ses forces à entraver dans ses efforts le marquis
de Bouillé et on peut dire qu'elle y réussit.

La tâche dès l'abord n'était pas facile. Pour éviter
l'influence que pourrait avoir sur l'esprit des troupes
un séjour trop prolongé dans la même ville, Bouillé
les faisait changer fréquemment de garnison. Il cher-
chait à entretenir chez les soldats cet esprit de corps
qui les fait se considérer comme une caste au-dessus
du reste de la nation et leur donne le mépris de ce qui
vient du civil. Il réussit pendant un certain temps:
« J'étais resté constamment, à Metz, haï du peuple,

(1) Ce serment était ainsi conçu. « Je jure d'obéir à la nation,
à la loi et au roi, de reconnaître la Constitution et de ne pas
agir contre le peuple sans y être requis par les magistrats. »

dit-il, mais assuré de la confiance de mon armée, car j'avais entretenu la jalousie contre les bourgeois et le mépris pour la populace (1) ».

Mais la force des idées nouvelles était trop grande pour qu'elles ne parvinssent pas à franchir une pareille barrière. Le soldat se sentait les mêmes aspirations que le citoyen et il fallut bientôt une interdiction absolue du général pour empêcher les soldats de se précipiter en foule aux séances de la Société populaire, où on les invitait. Cet ordre fut respecté jusqu'au jour où Duportail, nouveau ministre de la guerre, leva l'interdiction de Bouillé. C'en fut fait alors de l'isolement dans lequel certains auraient voulu voir demeurer l'armée, et la propagande de la Société put se donner libre cours.

Les soldats ne se contentaient pas d'assister dans les tribunes et comme simples auditeurs aux séances de la Société, plusieurs en devinrent membres et y prirent à l'occasion la parole, comme le maréchal des logis Beffroy dont le discours fut jugée digne de l'impression (2). Il n'y a pourtant rien de particulièrement remarquable dans ce discours qui débute ainsi : Soldats citoyens, un ami de la constitution, un soldat comme vous, vient épancher son cœur dans le vôtre » et roule sur la concorde et l'amour de la patrie.

(1) Mémoires de Bouillé, Tome I, p. 100.

(2) Discours prononcé à une des séances publiques des amis de la constitution établis à Metz par François Geneviève Beffroy, Maréchal des logis en chef au 12me régiment de dragons ci-devant Artois, membre de ladite Société. A Metz chez Claude Lamort 1791. (Bibl. mnn. de Nancy, n° 1612 du fonds lorrain).

Mais la date de ce discours est à noter ; il est du 8 juin 1791 peu de jour avant la fuite de Varennes.

Lorsque le départ du roi, organisé par le marquis de Bouillé, se produisit, l'œuvre des sociétés populaires dans l'est était assez avancée pour que la nation n'eut plus à craindre de voir l'armée se dresser contre elle. Bouillé qui avait conservé contre la Société populaire de Metz une rancune dont celle-ci se serait honorée, la raille dans ses Mémoires du soin qu'elle prit de lui fournir une excuse pour rassembler des troupes. En effet le club patriotique et la municipalité de Metz, inquiétés par les mouvements des émigrés et de leurs alliés à la frontière, s'étaient adressés à l'Assemblée pour obtenir qu'on prit des mesures de défense plus effectives : « Cette démarche, dit Bouillé, me facilita les moyens de rassembler des subsistances, des munitions de guerre, de l'artillerie, des effets de campement à Montmédy et de placer quelques bons régiments dans les environs (1)». Ce qu'il faut ajouter, c'est que ces troupes si bien disposées se refusèrent au rôle qu'on voulait leur faire jouer et que plusieurs, invitées à manifester leur attachement au roi, répondirent par le cri de : « Vive la nation ». Tandis que le roi était reconduit à Paris par ses sujets devenus ses gardiens, Bouillé gagnait rapidement la frontière, exposé aux coups de fusils des soldats qui l'avaient reconnu comme leur général tant qu'il avait été fidèle à la nation et à la loi.

(1) Mémoires de Bouillé. Tome II, page 45.

L'échec des projets du marquis de Bouillé et son départ définitif furent pour la Société populaire de Metz l'occasion d'un double triomphe. On reconnut combien ses prévisions avaient été justes et combien son acharnement contre Bouillé était justifié. Trop d'autres dans le peuple et même parmi les administrateurs s'étaient laissés prendre aux déclarations trompeuses, à la prestation du serment de ce dernier défenseur de la royauté. En même temps que le prestige de la Société augmentait, les honneurs vinrent pour la première fois vers elle. Dans le désarroi produit par cette situation bizarre d'un pays gouverné en droit par un roi fugitif, les administrateurs du district et du département se réunirent pour aviser aux mesures à prendre et la Société fut invitée à envoyer des délégués à cette conférence (1).

(1) Cette collaboration est rappelée par la Société dans sa pétition du 14 mars 1792 à l'Assemblée, dont nous parlerons dans le chapitre III.

CHAPITRE DEUXIÈME

La scission entre Jacobins et Feuillants. Indécision de la Société. Rôle de Rœderer en cette circonstance. La question du patriotisme des Messins.

La scission qui se produisit en juillet 1791, parmi les membres de la Société des amis de la Constitution séants aux Jacobins à Paris, ne pouvait laisser la Société de Metz indifférente. Elle était en effet réunie à la première par les liens de l'affiliation et de la correspondance et elle se voyait obligé de prendre parti entre les Jacobins et les Feuillants qui prétendaient, les uns comme les autres, être les continuateurs de la Société primitive et sollicitaient les Sociétés de province pour qu'elles les reconnussent comme tels.

Les Jacobins, avaient, il est vrai, conservé avec le nom de l'ancienne société le local et ses archives. Mais les Feuillants tiraient un prestige considérable de ce qu'ils groupaient maintenant presque tous les anciens membres qui faisaient partie de l'assemblée nationale. Il semble bien que la nouvelle de la scission, considérée en elle-même, produisit d'abord chez les membres de la Société de Metz un sentiment d'étonnement et de tristesse. On était si près encore des

luttes contre les partisans de l'ancien ordre de choses
qu'on ne comprenait pas que la division put se mettre
parmi les défenseurs du nouveau. On ignorait, sans
doute, aussi à Metz les raisons sérieuses et profondes
qui avaient rendu cette scission inévitable. Aussi
voyons-nous que le premier mouvement de la Société
de Metz comme d'autres Sociétés de province fut
d'appeler les frères ennemis à l'oubli des injures et à
la réconciliation.

Lorsqu'enfin il fut devenu bien évident que l'union
était impossible et qu'il fallait prendre un parti, la
Société de Metz se rallia d'abord aux Feuillants. Le
fait est abondamment prouvé par le début de la lettre
de Rœderer à la Société de Metz (1) dont nous parlerons plus loin : « J'apprends, lui écrit ce correspondant, que vous avez arrêté de correspondre à
l'avenir avec la société qui vient de s'établir aux
Feuillants et de rompre avec celle des amis de la
constitution séants aux Jacobins ». Une décision
avait donc été prise sous l'influence des membres les
plus modérés de la société, il y avait eu en même
temps, et probablement sous le même influence, un
revirement dans les opinions de la société. De ceci
nous avons la preuve dans l'adresse qui fut envoyée
à l'assemblée par la Société (2) pour protester de
son entier dévouement à la Constitution et adhérer

(1) OEuvres du comte P. L. Rœderer publiées par son fils.
Tome VI, page 592.

(2) Procès-verbal de l'Assemblée nationale. Séance du 4 avril
1791.

formellement au décret « qui avait consacré l'inviolabilité du roi et consolidé la monarchie. »

La Société de Metz serait donc demeurée attachée aux Feuillants si un homme n'avait entrepris de l'en détacher malgré la première décision qu'elle avait prise. Ce fut Rœderer, alors membre influent de la Société de Paris (1), qui se chargea de cette tâche et réussit à la mener à bien.

Nous pouvons nous faire une idée des arguments qu'employa Rœderer pour décider ses compatriotes, en relisant le procès-verbal de la séance du 5 avril à la Société de Paris, dans laquelle Rœderer donna lecture de la lettre qu'il voulait envoyer à Metz (2). Mais il est préférable de recourir à la lettre elle-même, si longue qu'elle forme à elle seule presque un traité, qui a été publiée en entier dans les œuvres de Rœderer (3).

(1) Rœderer devait un an plus tard être chassé de cette même société à cause du rôle qu'il avait joué dans la journée du 20 juin.

(2) Voici en quels termes elle est conçue : « M. Rœderer a fait lecture d'une lettre qu'il adresse à la Société des amis de la constitution de Metz et dans laquelle il fait un récit exact de tous les événements qui ont eu quelque rapport avec la pétition, dont on accuse faussement les Jacobins d'être les auteurs, et qui a servi de prétexte à la scission. Il y montre que cette scission avait été depuis longtemps projetée pour dissoudre les Clubs et sociétés patriotiques, qu'elle est l'ouvrage de huit ou dix petits intrigants qui honorent leurs petites menées du nom de coalition, et à la tête desquels il place M. Alex Lameth. Enfin il annonce à ses concitoyens de Metz que la plupart des membres qui s'assemblent aux Feuillants sont très attachés à la société mère et qu'ils n'y restent que pour surveiller le petit groupe de factieux. Cette lettre a été vivement applaudie. » Aulard. La Société des Jacobins. Tome III, page 69.

(3) Voir l'ouvrage cité plus haut.

Ce dernier commence par démontrer la mauvaise foi de ceux qui reprochent à la Société d'avoir commis un acte anti-constitutionnel. Cet acte aurait consisté à rédiger et à mettre en circulation une pétition demandant la déchéance du roi et l'établissement de la république. Rœderer affirme que la pétition, si elle a été rédigée dans le local de la Société, l'a été par des personnes étrangères et hors des séances, que la Société, loin de s'y associer, a manifesté sa désapprobation et a même pris des précautions pour en arrêter l'exécution. Il n'y avait donc aucune raison pour que les dissidents abandonnassent la société et le fissent avec un pareil éclat, au risque de compromettre son existence et son action.

Puis, passant de la défense à l'attaque, Rœderer démontre que la révolution importe peu à certains intrigants qui voient dans les Sociétés populaires un obstacle à leurs visées ambitieuses.

Ces hommes auraient cherché une première fois à compromettre la Société en y faisant entrer ceux qui par leur violence étaient les plus propres à la déconsidérer. Ce qu'ils voudraient aujourd'hui, c'est détruire cette organisation qui fait de toutes les sociétés de France un seul et même corps. « Comme ils ne pouvaient espérer que les sociétés affiliées renonceraient facilement à correspondre avec une société centrale, ils ont imaginé d'en former une qui promit l'avantage d'une correspondance exacte, mais qui fut organisée de manière à se démonter d'elle-même et à tomber précisément au moment où la société mère serait totalement dissoute. »

Rœderer, dans son désir de convaincre ses compa·
triotes, s'était peut-être un peu écarté de la vérité et
avait caché un peu plus qu'il ne convient à un correspondant fidèle la situation exacte. Mais les arguments employés étaient bien de ceux qui pouvaient
convaincre une Société, attachée, comme, celle de
Metz, à la révolution et à ses œuvres. Le résultat ne
se fit pas attendre. La Société de Metz, revenant sur
sa première décision, renoua ses relations avec la
Société des Jacobins et rompit avec celle des Feuillants. Nous voyons en effet, d'après les comptes
rendus de la Société de Paris, que la lettre dans laquelle la Société de Metz protestait de son attachement fut suivie à bref délai de deux autres dans lesquelles elle renouvelait ses protestations et promettait
une correspondance exclusive (1).

Cette décision eut une réelle importance. Toute
société populaire n'est pas nécessairement inféodée
aux Jacobins. Le nombre de celles qui plus tard se
rallièrent aux Girondins fut assez considérable. Il
y en eut même quelques-unes de franchement royalistes. La Société de Metz aurait pu, au moins pour
un temps, rester attachée à la politique des Feuillants.
Ce fut l'œuvre de Rœderer, en la faisant se jeter dans
les bras des Jacobins, de hâter dans son sein la
marche du mouvement démocratique et l'éclosion de
l'idée républicaine.

Hâtons-nous cependant d'ajouter que Rœderer fut

(1) Aulard. Société des Jacobins. Séances des 8 août, 28 août
et 11 septembre 1791.

considérablement aidé dans sa tâche par la présence dans la Société de Metz, d'un certain nombre d'hommes absolument décidés à aller dans la voie des réformes aussi loin que possible, décidés surtout à abandonner ceux qui, nombreux encore, étaient tout dévoués à la constitution, mais ne pouvaient se persuader qu'aucun progrès pût être réalisé sans elle.

Il est très admissible qu'à la suite de la scission entre Jacobins et Feuillants à Paris et à la suite du succès des premiers à Metz, une scission se produisit entre ceux qui voulaient la liberté et l'égalité avec toutes ses conséquences et ceux qui prétendaient imposer aux esprits le respect d'une constitution vieillie avant même d'avoir été appliquée. Ce sont ces dissidents que nous verrons dans le chapitre suivant jeter feu et flamme contre la perversion de l'esprit public et la décadence des sociétés populaires.

Le premier soin de la Société populaire de Metz après s'être montrée jacobine fut de se déclarer patriote. L'insistance qu'elle mit à le faire non seulement devant la Société de Paris, mais devant l'Assemblée législative elle-même est un fait qui mérite d'être étudié attentivement.

Il semble bien que la ville de Metz ait joui à cette époque dans les cercles jacobins de France d'une réputation détestable. Pendant longtemps et malgré les efforts des patriotes messins, le nom de Metz avait été fâcheusement uni dans les esprits à celui de Bouillé. Metz était le lieu qui devait servir de quartier général aux émigrés arrivant de Coblence, elle devait se joindre à eux, unir ses ressources aux leurs. C'est à Metz que le roi avait dû, à plusieurs reprises, se retirer pour y rallier des armées et reconquérir son royaume sur le peuple (1). C'était enfin de Metz et avec une partie de la garde nationale de cette ville que Bouillé était parti pour châtier les soldats suisses révoltés, dont l'opinion publique faisait maintenant des héros et des martyrs (2).

La Société de Metz entreprit de dissiper cette mauvaise réputation et se porta garant pour tous ses concitoyens. Elle ne se contenta pas d'écrire dans ce sens à la Société de Paris, elle envoya un député capable de donner plus de force à ses affirmations. Celui qu'elle choisit en cette qualité fut Anthoine, ancien député aux Etats-Généraux, futur maire de Metz et député à la Convention. Anthoine se présenta d'abord aux Jacobins et le 23 décembre 1791 il apporta une lettre de ses compatriotes « destinée à repousser l'inculpation faite aux habitants de Metz d'avoir le dessein de livrer leur ville aux émigrés ». La Société qui le connaissait de longue date, l'accueillit avec faveur et applaudit à ses déclarations. Le len-

(1) Plusieurs personnes furent déférées aux tribunaux de Paris comme coupables d'avoir comploté l'enlèvement du roi et son transfert à Metz.

(2) Le 13 avril 1792 deux citoyens de Metz députés par la garde nationale de cette ville et qui l'un et l'autre ont été blessés dans l'affaire de Nancy, viennent, en reconnaissant l'erreur dans laquelle a été induite cette garde nationale, demander à être admis à célébrer avec les soldats de Chateauvieux la fête de la liberté .» (Aulard. Jacobins, tome III, p. 595.)

demain, 24 décembre, Anthoine fut admis à la barre
de l'Assemblée et prononça un nouveau plaidoyer
plus vibrant encore, où l'amour de la cité s'allie à
celui de la patrie et de la liberté. Après avoir montré
que les accusations lancées contre le patriotisme des
Messins sont l'œuvre des émigrés et ont pour but de
semer le découragement et la crainte chez les patriotes, il s'écrie : « Législateurs, la ville de Metz
jadis république, a connu la liberté avant vous, elle a
reçu des fers avec vous, elle les a brisés comme
vous ; aucune place de l'empire ne peut s'enorgueillir
d'avoir vu briller dans son sein plus de patriotisme
ni d'avoir fait avec plus d'enthousiasme des sacrifices
plus pénibles à l'intérêt général ». Anthoine déclare
en terminant que les habitants de Metz s'enseveliront
plutôt sous les débris de leur ville que d'en ouvrir
les portes aux adversaires de la liberté.

Le président répondit avec bienveillance à cette
harangue en rappelant l'héroïque défense de la ville
contre Charles-Quint et en exprimant l'espoir que rien
ne saurait prévaloir contre le patriotisme des Messins.

La ville de Metz ne trompa pas les espérances des
Jacobins ; elle fut pendant toute cette première période
des guerres révolutionnaires, si dangereuse pour nos
libertés, le plus ferme boulevard de la patrie. Elle ne
se contenta pas de dresser ses murailles contre les
envahisseurs, elle remplit l'armée de ses enfants,
dépensa sans compter les ressources modestes dont
elle disposait alors pour faciliter l'armement, la subsistance, l'habillement des troupes en campagne.

Aussi la Convention put-elle lui décerner la récompense, qui à cette époque suffisait à payer tous les sacrifices, en déclarantqu'elle avait bien mérité de la patrie.

CHAPITRE TROISIÈME

*La Société populaire de Metz contre le Conseil général
de la Commune et le Directoire du département :
l'affaire des piques, les adresses au roi. Nomination
d'Anthoine à la mairie. Les fonctions publiques aux
mains des Jacobins.*

La Société populaire et la municipalité de Metz
avaient été d'accord, tant qu'il s'était agi de propager
les premiers principes révolutionnaires et de faire
exécuter les décrets de l'Assemblée constituante. Il
faut d'ailleurs noter que l'assemblée municipale
comptait dans son sein quelques-uns des membres
les plus influents de la Société. C'est ainsi que les
fonctions de procureur de la commune étaient confiées à Périn, ami personnel de Roederer et qui avait
présidé à l'élaboration des statuts. Périn et avec lui
Adam, secrétaire du conseil général de la commune,
formaient comme un trait-d'union entre la municipalité et la Société.

Cependant cet accord ne pouvait durer indéfini-
ment. Tandis en effet que le conseil général de la
commune conservait une certaine stabilité, l'esprit
du club se modifiait chaque jour par l'adjonction de

nouveaux membres, et, comme il arrive souvent aux époques de fermentation politique, c'était le parti le plus avancé qui voyait augmenter le nombre de ses partisans. Il était naturel aussi que la municipalité finit par prendre ombrage de l'intrusion continuelle de la Société dans les affaires qui étaient de sa compétence.

Jusqu'au moment précis cependant, où la lutte éclata, les rapports n'avaient pas cessé d'être courtois entre la municipalité et la Société populaire. Nous voyons en effet, qu'au commencement de février 1792, lorsque la municipalité fut obligée par les circonstances de retirer à la Société la salle de l'abbaye St-Louis, dont celle-ci avait alors la jouissance, elle l'autorisa à faire un choix parmi les autres locaux dont elle pouvait disposer. Dans la lettre écrite à ce sujet par le corps municipal à M. Gaspart, premier secrétaire du club, séant à la ci-devant abbaye de St-Louis, le premier déclare qu'il connait « l'utilité des assemblées de citoyens qui professent l'amour de la constitution et qu'il n'a rien de plus à cœur que de témoigner son estime pour les travaux et le zèle patriotique de bons citoyens (1) ».

C'est à la fin du même mois cependant que la lutte éclatait à propos d'une souscription organisée par la Société populaire pour fournir des piques aux citoyens qui n'étaient pas encore armés. La souscription avait été annoncée par voie d'affiches, les souscripteurs

(1) Archives de Metz. Correspondance du corps municipal, 1ᵉʳ février 1792.

étaient invités à opérer leur versement au siège de
la société et on se proposait de demander à la municipalité de veiller à la distribution des armes.

Une lettre fut en effet envoyée à la municipalité, signée de 3 citoyens (1) pour l'informer de la souscription et lui demander son concours. Mais la municipalité ne l'entendait pas ainsi et soit qu'elle voulut satisfaire des rancunes anciennes, soit que la démarche de la société mit le comble à son exaspéra-
tion, elle se dressa menaçante devant la Société populaire, résolue, à ce qu'il semblait, à en finir avec sa
surveillance et son ingérence perpétuelle dans les
affaires municipales. Le procès-verbal du conseil général de la commune ne nous donne sous forme de
considérants que les conclusions auxquelles s'arrê-
tèrent les conseillers, mais nous pouvons deviner ce
qui se passa ce jour-là à la séance du conseil et quel
complot s'y trama contre l'existence de la Société populaire.

Dans ces considérants rédigés avec une habileté
voulue, le conseil de la commune feint d'abord de
s'étonner que certains s'inquiètent de la tranquillité
publique alors qu'il veille de concert avec la garde
nationale et les troupes de ligne. Il fait remarquer que
cet excès de prévoyance ne peut avoir pour résultat
que d'obliger les citoyens à de nouveaux sacrifices et
à de nouvelles dépenses. Il s'étonne aussi qu'une société ait osé prendre sur elle d'adresser une pétition
à un corps constitué et fait remarquer que cet acte

(2) C'étaient les citoyens Boyer, Adam et Plaisant.

constitue bien le délit de pétition collective que les lois tendent à réprimer. Mais ce délit n'est pas le seul, qui soit à relever dans la pétition, car la loi qui a déterminé l'effectif de l'armée a fixé également des peines contre ceux qui tenteraient de l'augmenter, et n'est-ce pas vouloir augmenter l'effectif de l'armée que de proposer d'armer une nouvelle catégorie de citoyens ? Le conseil général de la commune décide donc de déférer aux tribunaux les auteurs de cette proposition illégale. Persuadée en outre que cette souscription cachait de mauvais desseins, une émeute ou un soulèvement, il arrête qu'on désarmera sur-le-champ tous les citoyens qui ne font pas partie de la garde nationale. Il va sans dire que la souscription était arrêtée de plein-droit (1).

Ce n'était pas fini. Le lendemain, comme si les ennemis les plus acharnés de la Société populaire s'étaient concertés pour l'accabler tous ensemble, le directoire du département, dont les raisons d'hostilité étaient plus anciennes encore et plus profondes, s'occupait à son tour de la question (2). Le procureur général syndic, ayant déposé sur le bureau le placard incriminé, s'éleva violemment contre l'audace de la Société populaire, et prit la défense de la municipalité qui avait à subir les empiétements de cette der-

(1) Délibérations du conseil général de la commune du 27 février 1792. Un extrait des délibérations a été imprimé à part. Cet extrait est reproduit dans le Journal des départements de la Moselle, Meurthe... etc., du 7 mars 1792. n° 10.

(2) Délibérations du directoire du département de la Moselle, séance du 28 février 1792. Extraits imprimés par les soins du directoire.

niére. « Un corps constitué par la loi, dit-il, devient
l'agent en sous-ordre de particuliers qui sans caractère, sans être revêtus de la confiance publique, s'ar-
rogent le droit de décider une opération, de la juger
nécessaire, d'en commettre les détails à ceux à qui ils
sont subordonnés sous tous les rapports d'administration active. Voilà le délit..., » En terminant le
procureur requit la punition des coupables, à savoir
100 livres d'amende et la radiation pendant deux ans
du tableau civique, des membres de la Société « dite
des amis de la Constitution », qui avaient signé
l'adresse.

Dans les considérants du procès-verbal du directoire, comme dans ceux du conseil général de la commune, on n'omet aucun argument susceptible de porter atteinte à la considération et à la réputation de civisme dont jouissaient les membres de la Société populaire. Si les deux corps ont agi ainsi, c'est que
leur projet n'est pas seulement de conserver dans
le ur registres respectifs les termes de leurs délibérations. Ces accusations imprimées à un grand nombre d'exemplaires, envoyées à tous les districts, à
toutes les municipalités doivent propager au loin l'accusation portée contre les membres de la Société « dite
des amis de la Constitution, » de Metz de n'être que
des factieux et des ennemis de la tranquillité publique.

Ainsi, rejetant tout ménagement, les corps élus
de la ville de Metz et du département de la Moselle
avaient déclaré la guerre à la Société populaire et
manifesté leur intention de la réduire par la force des

lois, ou de la compromettre par leurs insinuations. La Société populaire releva fièrement le gant. Passant par-dessus la tête des corps municipaux et départementaux, elle s'adressa le 14 mars 1792 au premier corps de la nation, à l'Assemblée nationale, elle se défendit et attaqua à son tour.

La pétition conçue dans les formes légales (1) et signée par tous les citoyens, au nom desquels elle avait été faite, débute en rappelant le rôle joué par les sociétés d'amis de la Constitution qui « ont dirigé et soutenu la révolution » maintenu la liberté et l'égalité, et remplacé « avec succès cette magistrature nécessaire dans un gouvernement libre, la censure » ; elle montre ensuite les intrigues des contre-révolutionnaires qui « ne se dissimulent pas que la constitution est inébranlable à moins qu'on ne parvienne à anéantir les sociétés populaires ». La pétition en arrive ensuite à la vexation dont a été victime la Société populaire et explique ce qui l'a motivée. Elle avait ouvert une souscription pour fournir des armes aux citoyens inscrits dans la garde nationale qui n'en avaient pas encore « ce qui est très fâcheux à six lieues de l'ennemi » et que la nouvelle organisation obligeait à s'en procurer. Elle poursuivait donc un but patriotique et ses ennemis auraient dû choisir une autre occasion pour l'abreuver de leurs calomnies.

(1) Pétition individuelle des citoyens amis de la Constitution a l'Assemblée nationale. A Metz, chez C. Lamort, rue Fournirue, n° 2875.

L'auteur de la pétition montre alors la perfidie de ceux qui confondent à dessein une lettre signée par trois personnes et une affiche émanant d'une société pour en faire sortir le délit de pétition collective, il montre aussi l'abus de pouvoir d'un procureur qui requiert une punition plus forte que celle qui est prévue par la loi. Puis attaquant à son tour les corps élus de la ville et du département, il les dépeint comme les ennemis du peuple, les protecteurs des contre-révolutionnaires qu'ils n'ont jamais songé à désarmer. Les patriotes s'excusent d'avoir à leur tête de pareils hommes « des circonstances difficiles et l'impossibilité de bien connaître les hommes dans les premiers moments d'une grande révolution ont empêché le peuple et les électeurs de bien diriger leur choix ». Ils promettent que les élections prochaines changeront tout cela et que les emplois publics, d'après le cri général, ne seront désormais confiés qu'à des citoyens dont les vertus et le civisme auront été éprouvés au creuset d'une longue expérience. »

Il va sans dire que la Société populaire, sans attendre la sanction que l'Assemblée donnerait à sa pétition, la fit imprimer et distribuer à un grand nombre d'exemplaires pour détruire l'effet qu'auraient pu produire les considérations émises sur elle par le conseil général de la commune et le directoire du département dans « ce libelle diffamatoire, revêtu des formes respectables de la loi » dont nous avons parlé plus haut.

L'affaire des piques n'eut jamais de solution précise, mais le conflit, dont elle avait été le point de départ, ne devait que s'aggraver avec le temps.

Les accusations que les deux partis s'étaient jetées à la tête étaient d'autant moins sincères qu'elles étaient exagérées. La Société populaire ne songeait pas plus à soulever le peuple contre les pouvoirs publics que la municipalité ne songeait à se ménager un appui parmi les émigrés et les adversaires de la révolution. Il y avait surtout entre les deux partis cette grande divergence d'opinion que les uns ne concevaient pas l'état sans l'autorité royale, quelque restreinte qu'elle fut, tandis que les autres, sans oser proclamer trop haut leurs espérances, tendaient de toutes leurs forces vers l'établissement de la république. De nouveaux événements allaient donner à la Société populaire l'occasion de montrer plus clairement, qu'elle ne l'avait fait jusqu'alors, quels étaient ses véritables sentiments pour le roi et ses prérogatives.

Dans la réponse adressée le 28 juin 1792 par le directoire du département au ministre de l'intérieur, qui lui avait demandé des renseignements sur la situation du département, afin de pouvoir rendre compte au roi de l'état du royaume, les membres de la Société se trouvent fort maltraités. Voici comment elle s'exprime sur leur compte : « Nous avouerons, Messieurs, que parmi ceux-là même qui se disent les plus sincères amis de la constitution, dans les clubs de ce département dans celui de Metz en particulier, sè trouvent les ennemis les plus dangereux qu'elle puisse avoir... Des hommes imprudents y ont souvent prêché l'insubordination, le mépris des autorités constituées, en distillant sur elles le poison de la plus noire calomnie. Rien n'échappe à leurs traits envenimés et le peuple abusé et crédule recueille avec avidité les mensonges qu'on lui débite; il les croit... Quand nous voulons faire respecter les lois, nous sommes cités à leur tribunal et nous passons à leurs yeux pour aristocrates, parce que sincèrement attachés à la Constitution, nous nous opposons à ce qu'on lui porte aucune atteinte. Ce n'est pas qu'il ne s'y trouve aussi quelques personnes instruites et désirant le bien, mais leur voix est étouffée, et il est bien à craindre qu'elles ne se fatiguent d'une lutte où elles ont trop souvent le désavantage... Au moment où les Clubs devraient comme nous exciter l'horreur et l'indignation du peuple pour des événements qui nous dégradent et nous flétrissent aux yeux de l'univers, il s'y est rencontré des panégyristes de la journée du 20. »

Le directoire du département montre ensuite ce que devraient être les sociétés populaires au lieu d'être ce qu'elles sont, une école de mœurs, de vertus civiques et non une corporation redoutable, une assemblée où l'on puiserait des connaissances utiles et non un centre de réunion pour ceux qui nourrissent le projet de bouleverser l'état.

Il revient aussi sur cette affaire des piques qui semble lui tenir fort à cœur : « Dans le courant de février dernier, écrit-il, nous avons dénoncé au tribunal du district de Metz une affiche du club de cette ville, par laquelle il se donnait une consistance politique interdite par les décrets, et, malgré nos instances pour faire conduire cette affaire à sa fin, nous n'avons pu y parvenir. Nous vous citerions encore d'autres faits, s'il était nécessaire... nous n'avons pas été secondés.

Le **10** juillet suivant, ce fut au tour du conseil municipal de s'élever contre la Société populaire (1). Un orateur, recherchant la cause des troubles qui agitaient l'empire, crut devoir l'attribuer aux clubs et à la façon dont s'exerçait leur activité.

« J'ai eu peine, ajouta-t-il, à me décider pour cette opinion, parce que les clubs ont rendu de si grands, de si importants services à la chose publique et à la révolution, qu'il est difficile de concevoir comment ils voudraient aujourd'hui détruire l'édifice à la construction duquel ils ont si efficacement contribué. Comment une si grande révolution s'est-elle opérée dans la conduite et l'esprit des clubs ? l'orateur en a indiqué la cause, elle est dans le changement des membres qui ont à ces deux époques formé les associations libres. Au commencement de la révolution les membres patriotes de l'Assemblée constituante avaient érigé et composaient le club des Jacobins ; la constituante terminée, les travaux de la Convention nationale terminés, ces membres se sont retirés dans leurs foyers et leurs places au club ont été prises par des hommes inconnus qui en ont perverti le bon esprit. Le même renouvellement s'est fait dans les clubs des départe-

(1) **Délibération du conseil général de la commune de Metz.**

ments, et voilà comme une société utile est devenue dangereuse. Mais je n'en conclue pas pour cela, a ajouté l'opinant, qu'il faille en solliciter l'abolissement, non, les clubs seront toujours utiles si, ramenés par la loi et ses organes à leur primitive institution, ils se renferment dans les bornes prescrites et s'occupent à faire aimer du peuple la constitution en la lui expliquant, car il suffit de l'entendre pour l'aimer et la suivre.

Un autre orateur dit que la plus grande partie des maux sur lesquels nous gémissons sont l'ouvrage des clubs et viennent de la défiance qu'ils ont jetée sur les autorités constituées par les dénonciations multiples de quelques factieux qui cherchent à flatter et à entretenir l'inquiétude naturelle du peuple pour forcer ses regards, captiver ses suffrages et parvenir aux places qui sont à sa nomination.»

Il est permis de se demander ici si la Société populaire de Metz n'avait pas mérité pour d'autres raisons que pour des divergences d'opinion le mépris et la haine dont elle était maintenant poursuivie. Il ne semble pas qu'elle eut fait autre chose que lutter, par les moyens que la constitution mettait à sa disposition, contre un parti qui détenait le pouvoir. Dans les pays où les fonctions publiques sont soumises à l'élection et ne dépendent pas du choix d'un monarque respecté, il ne peut être question de traiter de perturbateurs ceux qui cherchent à se pousser, eux et leurs amis, vers des situations occupées par d'autres. Il y eut donc exagération de la part des membres du directoire, à considérer les attaques contre leurs personnes comme des attentats à la tranquillité publique. D'autre part, on ne peut accuser la Société d'avoir conseillé la violence pour s'assurer la victoire ou satisfaire les passions populaires. Elle attendait sagement de voir la situation des partis modifiée par le suffrage populaire mieux éclairé. Le directoire du département, dans la lettre citée plus haut, avoue que ses administrés se sont jusqu'alors « préservés des agitations violentes qui ont répandu la désolation dans plusieurs départements ». Il y eut cependant à cette époque un acte de violence à déplorer, ce fut le meurtre de l'abbé Fickelmont, commis en pleine rue au moment où ce prêtre, sous le coup d'une accusation, était conduit d'un local dans un autre. Mais rien ne prouve que la Société ait conseillé ou approuvé ce meurtre. Tout au plus pourrait-on reprocher au correspondant, qui informe la Société de Paris de cet événement (1), de ne s'être pas élevé contre une exécution accomplie au mépris de toutes les formes légales.

Cependant le dissentiment allait toujours croissant entre la Société populaire d'une part, la municipalité et le directoire du département d'autre part. La Société fit afficher ou laissa afficher en même temps qu'une « Adresse à l'Assemblée nationale sur les circonstances actuelles par des citoyens de Dijon » une lettre imprimée chez C. Lamort à Metz et ayant pour titre « Au roi » par des citoyens de la même

____

(1) Aulard. La Société des Jacobins. Séance du 20 mai 1792.

ville. Cette lettre et cette adresse, conçues en termes peu respectueux pour le roi, excitèrent l'indignation du conseil municipal, qui, le 11 juillet, répliqua par une adresse au roi dans laquelle il protestait de son dévouement et flétrissait les auteurs de l'attentat du 20 juin. Cette adresse ne fut pas votée, il est vrai, sans protestation de la part des partisans et membres de la Société, à la tête desquels se trouvait Barthélemy (1). Le secrétaire du conseil lui-même, le citoyen Adam, sortant de son rôle muet, joignit sa protestation à celle des élus, mais il lui fut répondu « qu'il n'était qu'un être passif, obligé de signer les actes émanés d'un corps dont il est l'agent subordonné. »

L'attitude du directoire fut plus prononcée encore et plus intransigeante ; il ne se borna pas à protester de son attachement et de son respect pour la personne du roi, il osa attaquer l'Assemblée elle-même et lui dénier le pouvoir de prononcer la déchéance du monarque. Nous allons voir ce qu'il en advint.

Le dissentiment était donc arrivé à son plus haut point entre les corps élus et la société populaire. Le libre jeu des nouvelles institutions vint en ce moment modifier profondément la situation au profit du parti le plus avancé. Au mois d'août 1792 une élection eut lieu à Metz pour la nomination du maire et Anthoine fut élu en remplacement de Pacquin qui personnifiait des idées complètement opposées aux siennes. La joie causée par ce succès fut naturellement fort vive

(1) Les membres qui protestèrent contre cette adresse furent avec Barthélemy, Dairel, Gary, Quarante, Demaidy et D lattre.

au club de Metz ; elle ne le fut pas moins à celui de Paris ; et ce fut Merlin de Thionville qui monta à la tribune pour annoncer les résultats de cette élection (1) qu'il se plut à considérer comme une preuve de patriotisme inébranlable des Messins.

Le coup était terrible pour le parti opposé. Le directoire de la Moselle essaya d'y parer d'abord en contestant la validité de l'élection d'Anthoine, puis en le déférant devant le juge de paix pour un délit étranger à l'élection. Il alla dans son dépit, si nous en croyons les déclarations faites par Anthoine à la Société de Paris, jusqu'à accabler de vexations sa famille restée à Metz (2). Mais les forces de ses ennemis devaient se briser devant l'énergie d'Anthoine qui avait su intéresser à sa cause tous les bons patriotes en jurant « de conserver Metz à la France ». L'Assemblée nationale le confirma par son décret du 11 août (3) dans ces fonctions de maire qu'on avait osé lui dénier. Le 14 août suivant il reçut une autre satisfaction. L'assemblée le chargea d'exécuter son décret contre les membre du directoire de la Moselle en révolte ouverte contre elle, comme si elle avait voulu lui fournir une occasion d'exercer sa vengeance contre des adversaires qui l'avaient combattu sans ménagement.

Hâtons-nous d'ajouter qu'Anthoine, loin d'abuser de l'heureuse tournure des événements, se montra

(1) Aulard. Société des Jacobins. Séance du 3 août 1792.
(2) Aulard. Société des Jacobins. Séance du 5 août 1792.
(3) Moniteur XIII, 391.

au contraire plein de modération et même de grandeur d'âme. Lorsqu'arriva le jour de son installation à la tête du conseil général de la commune, il trouva à l'adresse de Pacquin, son prédécesseur, les paroles les plus flatteuses, et le remercia, au nom de ses administrés, du soin qu'il avait pris des affaires municipales. Avec le directoire, contre lequel il était chargé d'appliquer un décret, il usa de la même modération. Dans sa proclamation à ce sujet (1) il parle d'une mission douloureuse et pénible qu'il a à remplir, et supplie le peuple de ne pas montrer de ran - cune et de n'accueillir qu'avec circonspection les dénonciations. Il traita enfin avec bienveillance les membres du directoire eux-mêmes, les avertissant qu'ils étaient suspendus, non destitués, et les engageant à regagner par leur civisme cette confiance du peuple qu'ils avaient momentanément perdue.

Il eut été à souhaiter que la Société de Metz comme celle de Paris entendissent souvent des paroles aussi indépendantes. Anthoine était un patriote trop sincère, un jacobin trop convaincu, pour chercher à gagner par la flatterie les faveurs du peuple. Il refusa toujours d'immoler son libre arbitre aux pieds des individus dont la faveur démagogique voulait faire des idoles. Il eut le grand honneur de subir les invectives de Marat et s'éleva dans la Société de Metz comme dans celle de Paris, contre le dogmatisme et

______

(1) Pièce intitulée : Proclamation du conseil exécutif national. (Arch. mun. de Metz).

la tyrannie naissante de Robespierre. Il eut sans doute partagé le sort de Danton et de Camille Desmoulins, si l'extrême ardeur, qu'il mettait dans l'accomplissement de ses devoirs, n'eut miné sa santé et abrégé ses jours.

CHAPITRE QUATRIÈME

*Apogée de la Société populaire-de Metz. Ses rapports
avec les représentants en mission et avec la Convention nationale. Son rôle dans le pays.*

Depuis la nomination d'Anthoine à la mairie, depuis surtout que les membres du directoire, attachés
à la politique constitutionnelle, avaient été suspendus,
la situation de la Société populaire avait complètement changé. Ses membres avaient cessé de jouer
dans la ville le rôle de minorité parfois opprimée, qu'ils
avaient tenu jusqu'alors, pour devenir les amis et les
confidents des autorités constituées. Ils n'avaient
d'autre part rien à redouter de la Convention, ni des
Comités chargés du pouvoir exécutif, qui voyaient
dans les Sociétés populaires, les plus fermes soutiens de leur politique.

Il ne semble pas cependant que la Société populaire de Metz ait songé, sur le moment, à recueillir les
fruits de ses efforts antérieurs, il semble plutôt que
sa victoire sur le parti constitutionnel ait été suivie
d'une période de calme et d'effacement. Il fallut l'in-

tervention des représentants en mission pour décider la Société à reprendre sa propagande presque interrompue et pour donner à ses membres le désir et l'ambition de jouer un rôle dans les affaires du pays.

Les représentants envoyés par la Convention aux armées de la Moselle et qui voulurent se mettre en rapport avec la Société populaire durant le mois de mai 1793, s'étonnèrent de l'abandon où était tombée la Société et constatèrent que les séances n'étaient plus fréquentées : « Nous vous le dirons avec douleur, écrit l'un d'eux au comité de salut public (1), deux fois nous avons visité la Société, dans les trois jours que nous avons passé ici, et deux fois nous l'avons trouvée déserte. »

Cette situation allait à l'encontre des intentions des représentants, qui avaient besoin pour exercer la mission dont ils étaient chargés, de s'entourer d'hommes dévoués à leurs idées, et au courant de la situation locale. Ils jugèrent donc qu'il était nécessaire de donner à la Société une consécration officielle et c'est dans ce but qu'ils provoquèrent le **27** mai une grande réunion à laquelle assistaient, outre les membres de la Société, les membres de toutes les administrations.

Le représentant, qui prit la parole en cette circonstance (**2**), commença par faire l'éloge de la Société et

---

(1) Actes du Comité de salut public, lettre du 26 mai 1793.

(2) Discours prononcé à la tribune de la Société populaire de Metz, le 27 mai 1793, l'an II..., par les représentants du peuple envoyés par la Convention nationale à l'armée de la Moselle. A Metz, chez C. Lamort, imprimeur et membre de la Société des Amis de la liberté et de l'égalité.

du rôle qu'elle avait joué dans les récents événements. Puis il annonça que les représentants s'étaient répandus dans les provinces pour que « partout la machine fut remuée dans le sens révolutionnaire », mais qu'ils ne pouvaient remplir leur tâche que s'ils étaient aidés par des hommes décidés à les seconder en leur dénonçant les abus et en bravant l'opposition et le mépris de ceux dont à l'occasion ils compromettraient les intérêts. Il s'agissait donc de trouver quelques hommes qui pourraient aider les représentants « des secours de leurs connaissances locales » et le représentant croyait qu'on ne pouvait mieux faire que de les choisir dans le sein de la Société après un examen auquel tous les membres prendraient part : « C'est au milieu de vous, frères et amis, conclue-t-il, que nous voulons toujours discuter les grands moyens que nous voulons développer, parce que nous y serons sans cesse entourés du peuple ».

Ainsi la Société populaire dont la tribune avait si souvent retenti des invectives contre le roi et ses ministres, contre Bouillé, les Feuillants et le directoire du département, devenait l'auxiliaire d'un des rouages les plus puissants de la machine politique. Son pouvoir était sans doute purement consultatif, mais ceux qu'elle devait conseiller jouissaient d'une autorité qui pouvait complètement annihiler celle des assemblées locales régulièrement élues. Cette bienveillance devait avoir pour la Société plus d'inconvénients peut-être que d'avantages et lui enlever un peu de cette indépendance dont elle avait joui jusqu'alors. Il est clair en effet que les représentants n'étaient prêts à s'incliner devant le sentiment populaire que dans le cas où ses vœux seraient conformes aux leurs, et qu'ils étaient bien décidés à modifier la composition de la Société dès qu'ils la verraient s'écarter de la route qu'ils lui avaient tracée.

Mallarmé, nommé représentant du peuple français près les départements de la Meuse et de la Moselle pour l'organisation du gouvernement révolutionnaire, se signala le premier par cette affection un peu indiscrète pour la Société. Il la voulait puissante et respectée et il le montra bien dans l'affaire du commandant Debelle, chef de brigade de l'artillerie volante. Cet officier, un ancien noble, avait paru suspect à la Société, qui l'avait invité à justifier de son civisme. Debelle avait obéi et l'incident aurait été clos si les canonniers appelés à témoigner en cette occasion n'avaient manifesté leur estime pour leur chef sous une forme qui parut blessante pour la Société.

Leur attitude qualifiée « d'indécente » provoqua l'intervention de Mallarmé qui fit mettre en état d'arrestation le commandant et, de concert avec le général Hoche, fit arrêter également les canonniers coupables (1).

A cette époque Mallarmé se félicitait à la fois des principes des membres de la Société et de l'empressement que mettait à suivre les séances la population messine. « Je l'ai fréquentée assidûment depuis

____

(1) Actes du comité de salut public. (Tome xi, page 23).

mon séjour dans cette commune, dit-il à la date du 20 ventose an II (1), et je puis vous assurer qu'elle est vraiment montagnarde, des plus énergiques et des plus révolutionnaires. Les 'discussions qui y règnent sont toujours conformes aux principes républicains et elles démontrent que l'esprit public est à la hauteur de la révolution ». Mallarmé avoue cependant que la Société a besoin d'une légère épuration, car elle se ressent encore du temps « où le royalisme et le fédéralisme infectaient cette commune ». Au 1er germinal suivant, l'épuration était chose faite et Mallarmé pouvait proclamer que « les membres qui avaient été passés au creuset de la censure étaient des hommes sur lesquels on pouvait compter ».

Mallarmé avait attendu que cette épuration fut faite pour épurer à leur tour les autorités, qu'il choisit surtout dans la Société populaire. Ceci fait, Metz put se vanter, selon son expression, de posséder une administration bien montagnarde. Dans le discours où il s'applaudit de cette double mesure, le représentant revient sur l'époque précédente et nous donne des détails intéressants sur l'attitude prise par la majorité des membres d'alors après la journée du 10 août et à l'époque de la condamnation du roi. Dans la première occasion, craignant sans doute la vengeance des partisans de la royauté (2) ou manquant de con-

(1) Archives nationales AF II 162, analysé par Aulard.

(2) Le parti royaliste s'appuyait alors sur le directoire, qui se mit en révolte ouverte contre l'assemblée et ne céda qu'après l'intervention d'Antoine (procès-verbal de l'assemblée législative du 18 août 1792).

victions, ils avaient abandonné l'autel de la liberté et il ne s'était trouvé que 17 membres pour continuer la séance. « O ! **17** braves sans culottes, s'écria Mallarmé, soyez bénits ». Les mêmes hésitations, la même crainte de se compromettre agirent sur les membres lorsqu'il fut proposé que chacun d'eux, à l'imitation des membres de la Convention, se prononçât verbalement sur le sort réservé au roi. En rappelant ces incidents, le représentant Mallarmé voulait prouver que la Société populaire avait besoin d'une réforme sérieuse et que son épuration était justifiée.

La Société populaire de Metz ne montra cependant pas toujours la même soumission ni le même respect envers les représentants en mission, comme en est une preuve son attitude envers le représentant Duquesnoy.

Celui-ci était arrivé à Metz le 11 février à 6 heures du soir et de bien mauvaise humeur, si nous en croyons les dépositions faites à la Société populaire. Le lendemain, de bonne heure, il mande près de lui l'accusateur public près le tribunal criminel de la Moselle, le citoyen Altmayer, le toise de haut en bas et lui trouve mauvaise mine : « Tu as l'air d'un évêque, lui dit-il à brûle pourpoint, tu as été curé ou moine. » Altmayer ne songe pas à faire remarquer que le représentant du peuple lui-même est sorti des ordres, il se contente de répondre qu'il n'a jamais été qu'homme de loi. Duquesnoy le raille, le menace et le congédie sans façon. Dans l'après-midi du même jour, on entend retentir dans Metz le tocsin qui annonce un incendie. Duquesnoy bondit hors de son logis, sans prendre la peine de revêtir ses insignes, et court au lieu du sinistre. Un passant s'arrête pour considérer cet inconnu qui s'agite si violemment. Duquesnoy tombe sur lui à coups de poings et le remet aux gardes. Il fait subir le même sort à un campagnard qui l'a regardé avec « des yeux qui lui déplaisent » il l'aurait assommé s'il n'avait aperçu un enfant qui considérait cette scène avec pitié. Il lâche le paysan pour saisir l'enfant qu'il bat cruellement et jette ensuite à dix pas de lui. D'autres passants interrogés par lui sont simplement traités d'aristocrates et de fripons, mais tous, quels qu'ils soient, sont conduits en prison.

Le zèle du fougueux représentant s'accroit encore lorsqu'il arrive sur les lieux de l'incendie. Il ne veut voir, ni parler, ni rire, ni sourire. Un officier de la garde nationale, qui a communiqué une plaisanterie à un camarade, est sur le champ arrêté. Puis Duquesnoy aperçoit un citoyen qui quitte la chaîne pour aller la reprendre à un endroit où elle est moins serrée. Il croit que celui-ci cherche à s'esquiver, court après lui, lui envoie un coup de poing dans le dos, et l'ayant fait ainsi se retourner, un autre dans l'estomac. L'homme est envoyé en prison bien qu'il fut convalescent et sorti depuis peu de l'hôpital. L'incendie est éteint maintenant. Mais Duquesnoy a remarqué qu'il n'y avait que des pauvres pour éteindre le feu, il arrête que les habitants aisés, coupables de nonchalance, auront à payer 40.000 livres d'amende qui seront distribuées aux sans-culottes.

C'est ainsi du moins que se passèrent les choses, si nous en croyons les procès-verbaux (1) de la Société populaire. Car ce soir-là il y eut séance à la Société et naturellement grand émoi et grande indignation. Les faits semblaient d'abord exagérés. Il fallut que les témoins montassent eux-mêmes à la tribune pour raconter les violences auxquelles ils avaient assisté. D'autres répètent les paroles qui ont été prononcées par Duquesnoy en arrivant « qu'il a dit venir à Metz avec des pouvoirs illimités, que l'esprit public n'y était pas bon, qu'il le mettrait au pas ; que sous quinze jours il en ferait fusiller 5 à 600 tant à Metz qu'à Nancy ».

Ces menaces n'intimident pas les membres de la Société qui comprennent la gravité de pareils abus de pouvoir : « Si la terreur est à l'ordre du jour chez les patriotes, dit un membre, s'ils sont incarcérés arbitrairement, c'en est fait de la liberté. La République n'est plus qu'un songe et le despotisme se relève plus hideux et plus terrible que jamais ». On décide que six commissaires (2) seront envoyés à la Convention pour exposer la conduite de Duquesnoy, que ces commissaires rappelleront à la Convention

(1) Extrait des procès-verbaux des séances de la Société populaire de Metz du 12 floréal, an ii de la république française. A Metz chez Lamort,

(1) Les 6 commissaires sont : Toussaint, commis ; Vesco, ébéniste ; Lacombe, commis chargeur ; Blaize, tailleur de pierres ; Watrin, cafetier ; Lallier, écrivain.

qu'elle a déclaré à deux reprises que Metz avait bien
mérité de la patrie, que la ville s'impose à chaque
instant pour le salut commun et que par conséquent,
elle ne mérite pas d'être traitée de cette façon.

Informé de ces accusations, Duquesnoy se défendit
avec la plus grande énergie (1) et chercha à se dis-
culper des reproches qui lui avaient été adressés. S'il
est sorti sans insignes, dit-il, c'est dans l'ardeur de
son zèle, s'il a interpellé dans la rue des citoyens
c'est parce qu'il les a vus, alors qu'un désastre me-
naçait la ville, vaquer tranquillement à leurs occupa-
tions, comme si le soin de préserver la cité de l'incendie incombait à ceux-là seulement, qui n'ont ni
fortune ni emploi. Peut-on lui reprocher d'avoir fait
ses efforts pour communiquer à d'autres l'ardeur
dont il était lui-même rempli? Duquesnoy jette en
passant une pierre à cette Société populaire qui l'a-
vait si mal accueilli, s'étonne qu'on laisse les militaires et les fonctionnaires en faire partie comme
membres, alors qu'ils ne devraient y assister que
comme auditeurs : « Il n'est pas naturel, dit-il, que
les surveillés soient en même temps leurs sur-
veillants ».

Cette dernière observation ne manquait pas de jus-
tesse. Il faut néanmoins savoir gré à la Société populaire d'avoir découragé par son accueil les entre-
prises possibles du représentant Duquesnoy. C'était,
dit-on, un homme aux mœurs austères et aux inten-

______

(1) Lettre écrite de Morfontaine au Comité du Salut public le
16 floréal an II.

tions pures. Mais son caractère violent ne se serait
pas harmonisé avec celui d'une population portée par
son tempérament à une certaine modération. Rappe-
lons, sans vouloir trop en tirer conséquence, qu'il
était l'ami et l'admirateur de ce Lebon qui, envoyé à
Arras, ne sut accomplir que par la violence et en
versant des flots de sang, la mission dont il était
chargé.

Ce n'était pas seulement avec les Représentants en
mission que la Société de Metz se trouvait en rela-
tion, la Convention recevait, elle aussi, fréquemment
sa correspondance et ses hommages. Les adresses
de la Société populaire à la Convention nationale très
suivies, très nombreuses, apportées parfois à Paris
par des députations spéciales, nous la montrent attachée à elle comme elle l'avait été autrefois à l'assemblée constituante, désireuse de propager ses idées et
de faire exécuter ses ordres.

La Société populaire de Metz avait d'ailleurs dans
le sein de la Convention des correspondants précieux.
C'étaient ceux de ses anciens membres devenus des
conventionnels, tels Anthoine et Thirion. Les lettres
que ce dernier écrivit à la Société de Metz pour lui
exposer les journées des 31 mai et 2 juin méritent
d'être signalées (1). La Convention, qui hésitait à
mettre en accusation les députés girondins eut, on
le sait, à subir les menaces et les violences des sec-

(1) Pièce imprimée ayant pour titre : Copie de deux lettres
du frère et patriote Thirion, député à la Convention nationale,
adressées à la Société populaire séante à Metz en date des 3 et
4 juin 1793 l'an II de la république. A Metz, chez C. Lamort, imprimeur et membre de la Société populaire.

tions de Paris, qui entouraient en armes le local des séances et étaient décidés à ne rendre leur liberté aux membres de la Convention que lorsqu'ils leur auraient arraché la sentence qu'ils désiraient. « La pétition, dit Thirion dans le rapport qu'il fait de cette affaire à la Société de Metz, était un peu pressante, cette mesure était un peu irrégulière, mais les circonstances qui dans les révolutions doivent tout déterminer la rendaient nécessaire ». Arrivant aux vains efforts faits par les membres pour sortir de la salle, il parle d'une promenade dans les rangs de la foule armée. Dans une seconde lettre Thirion annonce que le calme a succédé à l'orage. La Société fit imprimer ces deux lettres, afin, disait-elle, de montrer les événements sous leur vrai jour et de mettre les citoyens en garde contre les propos des malveillants qui tenteraient de la dénaturer. Induits ainsi en erreur, les corps administratifs et judiciaires (qui avaient été épurés, ne l'oublions pas) envoyèrent le 9 juin une adresse à la Convention nationale dans laquelle ils constatent « que le peuple vient encore une fois de se sauver lui-même » et engagent l'assemblée à travailler à une constitution vraiment populaire. La Société populaire s'empressa de donner à ce vœu son adhésion unanime.

Le désir d'une nouvelle constitution est, en effet, fréquemment exprimé dans les adresses de la Société populaire de Metz. Elle a abandonné avec le nom de Société des amis de la Constitution, l'affection qu'elle avait un moment vouée à l'œuvre des premiers constituants. Ce qu'il lui faut maintenant, c'est une constitution « qui ne soit pas l'œuvre du traitre Capet (1) » et qui soit sanctionnée par le peuple, faisant enfin acte de souveraineté. « Il approche, ce moment terrible pour l'aristocratie, écrivent-ils à la Convention, où les véritables Sans-Culottes vont consolider le bonheur social » et ils la félicitent du chef-d'œuvre de raison et de justice qu'elle prépare. Leur enthousiasme redouble lorsque l'acte constitutionnel est enfin voté. Ils déclarent (2) leur donner « leur assentiment unanime » et « pour prévenir les machinations perfides des ennemis de l'égalité, les vrais Sans-Culottes de Metz se disposent à partir et vont dans les contrées qui les avoisinent en propager les principes ».

A plusieurs reprises encore les procès-verbaux de la Convention nous montrent à quel degré d'exaltation était montée la Société. C'est ainsi que nous la voyons violemment émue d'une tentative d'assassinat contre Collot d'Herbois et Robespierre et vouant les assassins au mépris de l'humanité.

Mais ces questions de politique brûlante ne sont pas les seules qui occupent la correspondance de la Société de Metz à la Convention. Dans des avis souvent écoutés, elle attire l'attention de la Convention sur différentes questions.

Ces adresses et communications roulent sur les dangers présentés par les déserteurs (11 juillet) la

(1) Procès-verbal de la Convention du 12 juillet 93.
(2) Procès-verbal de la Convention du 15 juillet 93.

contrefaçon des assignats (12 juillet), le traitement
des soldats blessés (28 juillet), la taxe des denrées
(11 octobre), la répartition des subsistances (5 plu-
viose), le rétablissement des tours pour les enfants
abandonnés (11 ventose), la fabrication du salpêtre
(24 ventose). Elle est fort occupée de la situation des
armées et nous voyons que le 2 germinal elle annonce
qu'elle a équipé à ses propres frais des cavaliers qui
ont été rejoindre le quartier général.

Tout cela nous permet de penser que la Société de
Metz, à l'époque de sa splendeur, n'était pas que le
rendez-vous de démagogues inconscients et d'agitateurs violents. Elle contenait dans son sein des
hommes sérieux, réfléchis, qui voulaient faire servir
sa force et son influence aux intérêts du pays.

L'influence de la Société, en effet, considérable
auprès de la Convention et des Représentants en mission, l'était également dans les affaires départementales et municipales. Le directoire du département
de la Moselle renouvelé et épuré ne songeait plus à
faire obstacle à la Société populaire, quant à la municipalité, elle était dirigée par Barthélemy, tout dévoué
lui-même à la Montagne.

La Société populaire est devenue un corps officiel.
Ses délégués prennent part aux séances avec les
autres membres des corps élus (1). Elle envoie offi-
ciellement son avis sur les questions à l'ordre du
jour, par exemple lorsqu'il s'agit de fixer le maxi-

(1) Délib. du conseil de la commune, 10 septembre 1793.

mum (1). Elle est chargée de certains soins, comme de distribuer aux pauvres les dons versés dans le tronc de l'humanité (2). On sait que les membres ont l'œil à tout. Aussi les charge-t-on de veiller à ce que les soldats rejoignent leurs corps. La fabrication de la pâtisserie ayant été interdite, vu la cherté du blé, ce sont eux qu'on charge de veiller à ce qu'il ne s'en fabrique plus (3).

La Société populaire joua surtout dans la question des approvisionnements un rôle important et dont abusèrent, si nous en croyons les accusations, quelques-uns de ses membres peu délicats. Comme on pensait que des hommes soumis à la surveillance de tous ne sauraient prévariquer, on la chargeait de choisir dans son sein des agents capables et on comptait sur ses multiples ramifications pour activer les transports. Les généraux connaissent bien le zèle de la Société et, dans certains cas pressants, ils s'adressent immédiatement à elle. Le **2** nivose an ii, la Société reçoit de l'état major, établi à Bitche, l'avis que les souliers manquent à l'armée. Immédiatement elle fait imprimer la lettre à mille exemplaires et la fait distribuer dans le district « persuadée, comme l'est la Société, que cet avis produira l'effet qu'elle s'en promet d'après l'exemple que les citoyens de Metz ont donné de leur dévouement à la chose publique (4) ».

(1) Délib. du conseil de la commune, 18 octobre 1793.
(2) Correspondance de la municipalité de Metz, 15 ventose, an ii.
(3) Délib. du directoire du département de la Moselle, 14 germinal an ii. La Société populaire est invitée « à avoir l'œil ».
(4) Pièce imprimée chez Lamort portant en titre : Etat-major général.

On sait que la Société est le centre de réunion des patriotes ; c'est pourquoi nous voyons que le courrier, qui vient annoncer à la municipalité la prise de Toulon, va la porter également à la Société populaire. Lors du coup de main de Kaiserlautern, le maire annonce ce succès à ses concitoyens et les engage à se rendre le soir à la société populaire pour avoir plus de détails (1).

On pourrait donner bien d'autres preuves de l'influence comme de la multiple activité de la Société populaire. Plus tard lorsque le parti modéré sera revenu au pouvoir, on feindra de ne voir dans les anciens membres de la Société que les soutiens des terroristes et les défenseurs des idées exaltées ! Ce furent sans doute des démocrates, sans doute aussi les moyens d'action qu'ils préconisèrent ne furent pas toujours les plus modérés, mais il ne faut pas oublier, d'après ce que l'on vient de voir, que leur activité s'éleva bien au dessus des misérables querelles politiques, qu'ils personnifièrent un moment l'élan contre l'étranger, le dévouement à la patrie, et que s'ils imposèrent à leurs concitoyens certains sacrifices, ils provoquèrent aussi de beaux dévouements et de belles actions

(1) Affiche intitulée : Nouvelle intéressante. A Metz, chez Lamort.

CHAPITRE CINQUIÈME

*Le local de la Société et l'ordre des séances. Organisa-
tion des fêtes et cérémonies publiques. Les discours.*

Nous n'avons encore rien dit du local, dans lequel
se réunissaient les membres de la Société, ni de la
façon dont se passaient les séances. Le Club tint probablement ses premières séances aux Récollets, qui
avait servi également de centre de réunion aux membres du comité patriotique. Nous le voyons, à une
certaine époque, établi à l'abbaye de Saint-Louis, qu'il
quitte pour s'installer à l'église Sainte-Croix. Mais au
moment de sa toute puissance, le Club était installé
dans l'ancienne église des Jésuites de l'Assomption,
rue de la Chèvre, devenue depuis l'église Notre-Dame.

Cette église de construction relativement moderne (1)
se prêtait mieux que les vieilles églises et chapelles
gothiques de Metz à une transformation en salle de
réunion. Elle était placée au centre de la ville, l'accès
en était facile, la lumière n'y faisait pas défaut.

Nous pouvons nous faire une idée exacte de l'as-
pect qui fut donné à l'intérieur de l'église par les plans

(1) Commencé en 1665, terminé en 1739.

de l'architecte Gardeur Le Brun, auquel ces travaux
furent confiés, plans qui sont conservés à la Bibliothèque de Metz. Le premier projet fut présenté aux autorités le 12 frimaire an ii et d'abord adopté. Mais on
s'aperçut que le nombre des places ne serait pas suf-
fisant et l'architecte fut invité à refaire ses plans (1).
Le projet qu'il présenta le 19 frimaire comportait des
améliorations notables et fut définitivement ac-
cepté (2).

Nous voyons d'après ce plan que tout le pourtour
de l'église était garni de tribunes. Il y en avait dans
l'abside et les transepts aussi bien que dans le bas
de la nef et le long des bas côtés. Les bancs étaient
disposés de façon à ce que tous les auditeurs pussent
entendre et voir ce qui se passait au milieu de la salle.
Cette partie, correspondant au haut de la nef, était
également garnie de sièges, mais elle était réservée
aux membres de la Société, qui devaient ainsi former
le centre où convergeaient tous les regards. Dans le
premier plan de l'architecte Gardeur Le Brun, ce parquet s'étendait aussi dans le chœur, mais nous voyons

(1) Local des séances de la Société populaire à Metz. Projet
de disposition à faire dans la ci-devant Eglise du collège pour
l'approprier à la tenue des séances de la société populaire (Plan
à la main signée) Gardeur Le Brun (avec annotations manuscrites). Metz, le 12 frimaire an ii, échelle de 15 toises. (1 f de 735
$\times$ 439 mm.). Bibliothèque de Metz M. 75.

(2) Local des séances de la Société populaire de Metz. Projet
des dispositions à faire dans la ci-devant Eglise du collège pour
l'approprier à la tenue des séances de la société populaire (Plan
à la main et teintée signée) Gardeur Le Brun (avec plusieurs
indications manuscrites et approbation). Metz l'an II le 19 frimaire. Echelle de 15 toises. (1 f de 725 $\times$ 440 mm). Bibliothèque
de Metz, M. 76.

dans le second plan, que cette partie de l'église, débarrassée sans doute de l'autel, était destinée à recevoir la statue de la Liberté.

Le parquet pouvait contenir 400 personnes et ce serait donc là le chiffre maximum de membres qu'ait eu la société. Quant aux tribunes élevées autour de l'église, elles pouvaient avec la tribune des orgues contenir 1370 auditeurs ou auditrices. Notons en effet que 160 places à gauche et à droite du sanctuaire sont expressément marquées comme réservées aux femmes ; 70 autres places étaient réservées aux musiciens.

La foule entrait dans la salle par les portes du bas qui s'ouvrent rue de la Chèvre, les membres de la Société avaient leur entrée spéciale près de la sacristie, une entrée était aussi réservée aux citoyennes, non loin de leurs tribunes.

La séance s'ouvrait généralement par le chant de l'hymne à la liberté. L'ordre du jour ordinaire comprenait la lecture de la correspondance et celle des papiers publics. Ce fut la Convention qui prit l'initiative de faire expédier elle-même le compte rendu de ses séances aux sociétés les plus importantes de province. Cette lecture amenait naturellement des remarques et des controverses. La Société recevait fréquemment à sa barre des députations dont elle écoutait les doléances. Vers la fin de la séance, on procédait à la réception des nouveaux membres, auxquels le président donnait l'accolade, puis on se séparait après avoir de nouveau chanté l'hymne à la liberté. Le rôle des auditeurs, appelés « citoyens des tribunes », était ordinairement passif. Mais si l'un d'eux, dans l'ardeur de son zèle, demandait la parole, elle ne lui était pas refusée. Les citoyens des tribunes intervenaient parfois aussi pour donner plus de force à la motion d'un membre par leurs approbations et les procès verbaux en font généralement mention. Dans les **grandes** circonstances enfin, lorsque l'enthousiasme était à son comble, les membres de la Société ne se contentaient pas de s'embrasser entre eux, ils tendaient les bras aux citoyens des tribunes et la fraternisation avait lieu d'une façon tout à fait positive.

La Société populaire ne restait pas confinée dans l'ancienne église qui lui servait de lieu de réunion, elle se montrait fréquemment au dehors, prenant une part active aux fêtes publiques et aux réjouissances, dont l'organisation était très souvent son œuvre.

C'est que les cérémonies officielles étaient pour les Jacobins une occasion de propager leurs idées dans cette masse, qui ne pouvait pas toujours assister à ses séances, ni en retirer tout le fruit qu'ils auraient voulu lui en voir retirer. Leur but était de faire pénétrer dans les cerveaux au moyen d'images ou de symboles, les vérités qu'ils croyaient utiles de propager dans le peuple. Ces symboles et ces images étaient souvent accompagnés d'explications, afin qu'elles ne manquassent pas le but auquel elles visaient.

Pour faire comprendre au peuple le rôle qu'ils se sont assignés dans l'état, les Jacobins portent devant eux deux emblèmes, le coq et l'œil, qui sont les signes de la vigilance et de la surveillance. Les grandes vertus comme la fraternité, le patriotisme, l'amour de la paix, le respect de la vieillesse sont représentées par des personnages allégoriques, précédés de ban-nières, où se trouve inscrit, afin que nul ne s'y trompe, ce que l'allégorie est censée représenter (1).

Les victoires sur les ennemis de la patrie, le vote de lois populaires, les grands anniversaires étaient pour les Jacobins des occasions d'organiser des cor-téges qui se déroulaient dans la ville, à la grande joie du peuple, toujours ami du bruit et du mouve-ment. Les autorités administratives et judiciaires faisaient partie du cortège, mais c'était pour elles moins une occasion de se faire voir que de montrer au peuple leur attachement, à la chose publique. Ils n'étaient d'ailleurs revêtus d'aucune insigne : « L'homme dans les fêtes publiques, lisons-nous, dans le protocole de la fête aux victoires de la répu-blique du 24 vendemiaire an 3, ne doit apporter d'autres décorations que ses vertus ». On promenait donc, dans ces fêtes, des emblèmes accompagnés d'inscrip-tions. A la fête du 10 nivose an II (2), organisée pour célébrer l'organisation du régime révolutionnaire, le plus ancien militaire de la garnison marchait en tête du cortége portant une inscription conçue en ces termes : « Le citoyen naît, vit et meurt pour la patrie ». Puis venait une compagnie de sexagénaires armés de piques, l'un d'eux portait un étendard avec l'ins-

(1) Délibération du cons. gén. de la commune du 20 nivose, an II.

(2) Lucien Nicot. Les fêtes révolutionnaires à Metz (reine al-sacienne 1884).

cription : « La constitution française honore la vieillesse ». Venaient ensuite la liberté, figurée par une
pique et un bonnet, la raison représentée par un flam-
beau ardent, l'égalité par un équerre et la vertu par
un enfant sur les bras d'une citoyenne. Les grands
hommes, morts pour la patrie et la liberté, étaient
également honorés. Des bustes, portés par des Jacobins, représentaient Marat, Lepelletier, Franklin et
Anthoine.

Puisque nous parlons de Marat, il nous faut men-
tionner la cérémonie organisée en l'honneur de ce
dernier par les Jacobins de la quatrième section de
la ville. Ce fut un membre de la Société, le citoyen
Jean-Louis Dupleit qui prononça l'oraison funèbre
du terrible tribun et exalta ses vertus (1).

Des autodafés d'objets provenant de l'ancien régime
furent organisés à différentes reprises par la Société
populaire. Nous avons le procès-verbal de celui qui eut
lieu sur son initiative le 10 frimaire an II (2). Les
autorités s'étaient rassemblées sur la place de la
loi « un bûcher y était dressé, il était formé de confessionnaux, de titres féodaux, de lettres dé prêtrise
et de tapisseries chargées de fleurs de lys et d'autres
attributs de la royauté, de la superstition et de la féo-
dalité ». Le feu fut mis au bûcher par les présidents

(1) Oraison funèbre de Marat, prononcé par le citoyen Jean-
Louis Dupleit, curé de la paroisse de Seille à un service qu'a
fait célébrer dans l'église de Saint-Martin, pour ce député républicain, la quatrième section de la ville de Metz. Metz, veuve
Antoine et fils, S. D. in-4° de 11 p.

(2) Délibération du conseil général de la commune 10 frimaire
an II.

des corps administratifs et la fête se termina par le chant de l'hymne à la liberté et par une danse autour du bûcher. On ne se contentait pas de brûler les confessionnaux et des titres féodaux. Des livres en grand nombre furent enlevés à la Bibliothèque et livrés aux flammes sous prétexte qu'ils se rapportaient aux ordres disparus et aux privilèges abolis. J.-B. Trotebas, administrateur du district, dont le nom mériterait d'être voué pour ce seul fait à l'exécration publique, présidait à ces actes de vandalisme et de stupidité. Pour attacher la population au nouvel ordre de choses il y avait mieux à faire qu'à détruire les vestiges du passé et les monuments de l'histoire, il fallait montrer par la pratique de la vertu et du désintéressement qu'on était digne de la liberté.

Le rôle de la Société populaire, dans les cérémonies dont nous venons de parler, ne se bornait pas à en régler les détails. Son local était souvent le point de départ du cortège, c'était aussi généralement le lieu où l'on revenait, la cérémonie terminée, pour prononcer un dernier discours ou pour déposer une couronne aux pieds de la statue de la liberté. C'est ainsi qu'après la fête qui avait eu lieu le 12 juillet 1793 pour fêter la proclamation de l'acte constitutionnel, le représentant Maignet qui avait pris part au cortège s'en revint avec les autres autorités dans la salle de la rue de la Chèvre et célébra, dans un discours pompeux, les bienfaits de la nouvelle constitution. Le maire Barthélemy, qui lui succéda, félicita à son tour la Société en disant : « Comment pouvons-nous mieux terminer la solennité qui nous rassemble qu'en venant au sein de cette société, où les principes consacrés par l'acte constitutionnel ont été sans cesse professés ». L'éloge était un peu exagéré. La Constitution de 1793 n'était ni la première que la Société de Metz eut accueillie avec enthousiasme ni la dernière à laquelle elle dut applaudir.

Quelques discours imprimés à cette époque nous montrent assez bien l'évolution qui s'était faite dans les idées de la Société et les domaines nouveaux dans lesquels elle exerçait son activité. Celui du citoyen Caron (1), fusilier au 6e régiment d'infanterie, nous montre la Société encourageant la dénonciation, regardée par les purs Jacobins comme une des premières vertus républicaines. Caron et son camarade Soulier avaient pris sur eux de dénoncer au comité de surveillance de la commune leur capitaine, accusé de correspondre avec les émigrés. Ayant reçu à cette occasion les félicitations de la Société, le fusilier Caron avait voulu l'en remercier et il insiste dans son discours sur cette idée que les éloges d'une assemblée républicaine sont la seule récompense que puisse accepter un soldat républicain.

La Société populaire cependant ne la jugea pas suffisante, car elle décida de recevoir les deux soldats comme membres, sans passer au scrutin et elle arrêta en outre « qu'il serait donné connaissance au

---

(1) Discours prononcé à la Société des amis de la liberté et de l'égalité de Metz par le citoyen Caron, fusilier au sixième régiment d'infanterie. A Metz, chez C. Lamort (Archives de Metz).

ministre de la guerre du courage et du civisme de ces citoyens. »

Le discours prononcé par le citoyen Marchand (1) le 23 brumaire an II, nous montre la position prise à cette époque par la Société dans les questions religieuses. Il ne s'agit plus de blâmer les prêtres réfractaires ni de célébrer les bienfaits de la constitution civile du clergé : « Français, vous êtes libres enfin, vous n'avez plus de prêtres », s'écrie en débutant l'orateur, qui continue en prêchant la doctrine d'une religion sans prêtres et sans autels. Ce n'est pas l'athéisme de certains contemporains, c'est un déisme assez vague et incomplet. Notons que le président de la Société était ce jour-là l'ancien abbé Dupleit, devenu prêtre constitutionnel, puis sorti complètement du sacerdoce après avoir déposé ses lettres de prêtrise. Le discours de Marchand obtint un vif succès et fut suivi d'une pétition au corps municipal pour demander la suppression des signes extérieurs du culte. La religion subissait à ce moment une crise terrible, l'évêque Francin à bout de concessions, allait bientôt être arrêté et envoyé en prison à Clermont-Ferrand, à la suite de son refus de laisser affecter la cathédrale au culte de la raison (2).

A côté de ces discours dont la polémique n'est pas absente, il y a les discours de pure édification pa-

(1) Discours prononcé par le sieur Marchand à la Société populaire le 23 brumaire; an II. Metz, Lamort, an II, 4 p. in-4° (Bibl. de Nancy, fonds lorrain, n° 1617).

(2) Florange. Nicolas Francin, évêque constitutionnel de la Moselle. Paris, Metz 1905.

triotique et républicaine. Nous en avons un du 30 prairial 1793, dont l'auteur ne nous est pas connu, et qui est intitulé : *Réflexions sur l'amour de la patrie* (1). L'orateur s'y propose simplement d'éclairer le peuple en l'instruisant de ses devoirs. Du même genre est le discours du citoyen Labaubie, médecin à l'armée de la Moselle, dont le long titre est un abrégé du conténu : *De la liberté, de l'égalité, de la justice, de leurs rapports.... de l'accord de la vraie liberté avec la soumission aux lois et la subordination aux magistrats, comment l'inégalité peut se concilier avec l'égalité des droits et l'égalité devant la loi* (2) ».

Mais, en somme, les discours, qui furent prononcés à cette époque, n'offrent qu'une importance secondaire. La Société populaire avait en effet perdu le caractère, qu'elle avait à son origine, d'une réunion d'hommes éclairés, réunis pour s'aider mutuellement de leurs lumières, elle était devenue un corps politique, qui pouvait mettre à l'occasion la force des lois au service de ses aspirations et fatalement elle en était arrivée à chercher à dominer plutôt qu'à convaincre. Quelques-uns de ses membres les plus influents, au lieu de rester des censeurs impitoyables, avaient commencé eux aussi à prévariquer. Si nous en croyons Merlin de Thionville, peu suspect pourtant de partialité envers les Jacobins, l'arrivée des commissaires choisis dans la Société de Metz était plus redoutée dans

(2) A Metz, chez C. Lamort, an ii, 4 p. in-4° (Bibl. de Nancy, fonds lorrain, n° 1616).

(3) A Metz, chez C. Lamort, an ii, 5 p. in-4° (Bibl. de Nancy, fonds lorrain n° 1615).

les villes environnantes que ne l'avait été celle des concussionnaires fameux de l'ancien régime, et la réputation de la société et de la ville en subissait les conséquences. A Thionville, on désignait sous le nom de Messins la bande d'oiseaux de proie, qui, avec Trotebas et Remoissenet à leur tête, venaient parfois s'abattre sur le pays pour y exercer des réquisitions abusives (1). De bons patriotes et de bons républicains commençaient à se lasser de cette organisation révolutionnaire qui ne faisait qu'aggraver les maux, dont on avait si longtemps souffert. La Société populaire n'avait réussi autrefois à lutter contre ses ennemis que parce qu'elle était soutenue par la faveur presqu'unanime du public. Comment allait-elle faire pour se maintenir lorsque le gouvernement qui l'avait soutenue envers et contre tous aurait disparu?

(1) Vie et correspondance de Merlin de Thionville.

CHAPITRE SIXIÈME

La suite de la réaction thermidorienne. Les épurations
et la dissolution.

La journée du 9 thermidor n'eut pas sur les desti-
nées de la Société de Metz une influence aussi immé-
diate et aussi décisive que sur celles de la Société de
Paris. Tandis, en effet, que la chute de Robespierre et
la modification des partis dans l'assemblée avaient
pour résultat de retirer aux Jacobins de Paris la por-
tion d'autorité qu'ils avaient usurpée dans les affaires
générales du pays, la société de Metz restait en face
d'assemblées locales et de fonctionnaires élus sous
son influence et en partie soumis à ses inspirations.

Elle sut d'ailleurs se dégager des hommes dont
l'attachement trop évident pour les terroristes aurait
été de nature à lui attirer l'antipathie générale, Un
de ses anciens présidents, Trotebas, put être incar-
céré pour avoir « robespierrisé » la ville sans qu'elle
même se considérât comme atteinte (1). Bien plus
oublieuse de ses déclarations précédentes, elle écrivit

---

(1) La chute de Robespierre fut l'occasion à Metz d'un mouvement populaire en sa faveur. Rien ne prouve que la Société de
Metz en ait été l'initiatrice.

à la Convention une adresse, qui fut lue le 16 thermidor, an II, et dans laquelle elle vouait d'éternelles actions de grâce aux mandataires du peuple dont le dévouement énergique avait brisé les fers, que des monstres voulaient faire peser sur le peuple français (1).

La Société continuait d'ailleurs à exercer quelques unes des fonctions que le régime précédent lui avait confiées ou lui avait laissé accaparer. Le 10 thermidor, à l'heure où Robespierre montait sur l'échafaud, une députation de la Société populaire prenait tranquillement part, aux côtés de la municipalité de Metz, aux fêtes organisées pour l'alliance avec la République Américaine. En sortant du Temple de l'Etre suprême, on se rendit au siége de la Société pour y enlacer les deux drapeaux aux pieds de la statue de la liberté (2), Peu de temps après la Société organisait une fête du même genre pour célébrer l'alliance avec le peuple de Genève. Pour annoncer cette fête au peuple, elle faisait afficher (3) une proclamation conçue en ces termes : « Déjà vous avez applaudi avec nous aux sentiments de fraternité, au pacte d'alliance, apportés à la Convention nationale par les Etats-Unis d'Amérique. Un peuple non moins estimable, le peuple de Genève, vient également de jurer aux Français amitié franche, sincère. Les heureux sentiments, dont il est

(1) Procès-verbal de la Convention nationale, 16 thermidor, an II.
(2) Délibérations du conseil général de la commune, 10 thermidor, an II.
(2) Affiche intitulée : « La Société populaire de Metz à ses concitoyens » (pas de date, signée par le bureau de la Société).

animé envers nous, sont d'autant plus flatteurs qu'il est libre comme nous, qu'il l'est depuis longtemps, que l'immortel Rousseau est sorti de son sein. Si la tyrannie est liguée pour opprimer le genre humain, il faut aussi que les enfants de la liberté se réunissent pour déconcerter ses abominables projets. Empressons nous donc à consacrer par des fêtes simples, naïves comme l'expression de nos cœurs, la bonne intelligence qui se manifeste de toute part entre les nations indépendantes. Que leurs étendards entrelacés forment un ensemble redoutable au despotisme ».

Nous avons cru devoir faire cette assez longue citation pour bien montrer, par le ton de l'affiche, que la Société n'avait pas perdu, malgré les événements, le sentiment de son importance ni de son rôle. Ses membres avaient simplement renoncé au nom de Jacobin, qui, décidément, ne désignait plus que de mauvais républicains.

Malgré ces concessions, la Société représentait dans son ensemble un état d'esprit qui inquiéta le nouveau représentant envoyé par la Convention nationale dans les départements de la Moselle et de la Meurthe. Genevois, homme de la Plaine, était un thermidorien des plus convaincus. Il trouva trop avancée cette Société que Mallarmé autrefois avait trouvé trop rétrograde et il fit ce qu'avait fait en cette occasion Mallarmé, c'est-à-dire qu'il en ordonna l'épuration. Les raisons, sur lesquelles il s'appuie pour décider cette épuration, sont fort curieuses. Le comité de surveillance de la commune lui ayant signalé que des huées se sont élevées dans les tribunes à l'adresse des membres de la Société, il croit que cette manifestation est de nature à porter préjudice au bon renom de la Société et à faire croire que les sociétaires sont en état d'opposition avec les autres citoyens. C'est donc pour faire cesser ce désaccord qu'il ordonne la dissolution de l'ancienne société (1).

Voici sur quelles bases sera reconstituée la nouvelle. Génevois commence par désigner 25 membres qui s'en adjoindront eux-mêmes 75 autres, élus à l'unanimité. Les 100 membres formant le noyau de la Société se réuniront alors et, dans des séances privées, élaboreront le nouveau règlement et fixeront en particulier les conditions d'admission des nouveaux membres.

Le fait que Peupion et Gilles, les secrétaires de l'ancienne société, étaient appelés, non-seulement à faire partie de la nouvelle société mais à présider à sa formation, est peut-être une preuve que Génevois ne songeait pas à modifier complètement la composition de la Société populaire. Il est permis toutefois de penser qu'il s'inspira dans son choix pour les autres membres du même esprit qui lui fit désigner pour les fonctions municipales et départementales les adversaires les plus marqués de la Montagne. En même temps, en effet, que Génevois épurait la Société populaire, il épurait les autorités, rayait de la liste des notables un certain nombre de membres qui lui pa-

(1) Voir dans les pièces justificatives le discours et l'arrêté du représentant Génevois.

raissaient suspects et les remplaçaient par des hommes
qui comme Pacquin, l'ancien maire, présentaient plus
de garanties.

Au mois de ventôse suivant, la Société populaire
était sans doute réorganisée suivant les vœux de Génevois, car elle envoyait à la Convention nationale
une adresse qui figure au procès-verbal du **11** ventôse (1) et dans laquelle il est dit : « La Société populaire et les citoyens des tribunes de Metz remercient
la Convention nationale de leur avoir envoyé le représentant Génevois qui les a fait jouir des bienfaits de
la journée du 9 thermidor ; ils jurent de se rallier toujours à la République et à la Convention ». Dans
d'autres adresses et sans doute sous l'influence de
Genevois, « des citoyens réunis en société populaire
de la commune de Metz » et « des citoyens membres
de la Société populaire de Metz (2) » (non pas comme
autrefois « la Société populaire » proprement dite) féli-
citaient la Convention des mesures qu'elle avait prise
pour assurer le règne de la justice et détruire à jamais celui de la tyrannie, approuvaient le rappel des
Girondins et allaient jusqu'à la féliciter d'avoir sus-
pendu les Jacobins.

Génevois était peut être allé un peu loin. et son but
avait été dépassé ; ce fut du moins l'avis de Mazade
qui succéda à Génevois dans les fonctions de représentant du peuple dans les départements de la Moselle
et de la Meurthe. C'était un homme d'origine plus

(1) Procès-verbaux de la Convention, 11 ventôse, an III.
(2) Idem, 10 frimaire et 5 pluviôse, an II.

modérée encore que Génevois, et, dans la lettre qu'il adresse au département peu de temps avant son arrivée, il écrit : « Loin de nous les délateurs intéressés, les exécuteurs et les satellites spoliateurs des ordres de la tyrannie, les bastilles, les tribunaux iniques et sanguinaires, loin de nous ces instruments de servitude dont on avait voulu faire des instruments de liberté.»

Malgré l'horreur que lui inspiraient les Jacobins, Mazade ne voulait pas que la direction des Sociétés populaires et l'administration de la ville tombassent entre les mains de ceux qui étaient les ennemis déclarés des institutions démocratiques. Il put constàter, en arrivant à Metz, que la Société avait été envahie par des hommes que leurs opinions et leur passé rattachaient à l'ancien régime et que ces hommes y formaient, grâce à l'appui de leurs amis, un parti déjà puissant. Pour réagir contre cet état de choses Mazade décida de procéder à une nouvelle épuration, qui eut lieu le 11 germinal, an III (1). Il ne se contenta pas, comme l'avait fait Génevois, de désigner 25 citoyens qui auraient pour mission de nommer les autres membres, il en choisit du premier coup 150, et décida que ceux, que la Société s'adjoindrait par la suite, devraient non seulement posséder un caractère indéniable de civisme et de probité, mais encore être des amis reconnus de la Constitution de 1793 et de la République française une et indivisible.

L'intérêt que portait Mazade à la Société populaire

(1) Voir dans les pièces justificatives, le texte complet du décret d'épuration de Mazade.

_était d'ailleurs réel, encore qu'il ne voulut pour rien au monde la voir retomber dans les errements où elle était tombée autrefois, alors qu'elle empiétait sur les prérogatives des corps élus et s'immiscait dans le gouvernement. Il trouvait que les Sociétés avaient encore un rôle très grand et très noble à remplir et il en traça les grandes lignes dans une circulaire adressée aux districts de la Moselle et de la Meurthe le 14 germ., an III.

Il voudrait qu'en attendant la promulgation de la nouvelle constitution qu'il faudra expliquer au peuple, comme on lui a expliqué les précédentes, la Société s'appliquat à répandre les principes de la morale et du droit naturel. Et ce représentant, bien intentionné, cite quatre ouvrages : le livre des devoirs de Cicéron, les principes de droit naturel de J.-J. Burlomaqui, citoyen de Genève, le livre des bienfaits de Sénèque et celui des mœurs de Toussaint, dont il voudrait qu'on commente des extraits sans citer de noms, pour ne pas paraître pédants : « Lorsque les maximes répandues dans ces ouvrages seront généralement connues, dit-il, les hommes ne seront point fanatiques; ils seront justes, bienfaisants, graves et laborieux ». Ces explications auront encore un autre avantage, selon Mazade, ce sera de purifier la tribune souillée par les récents discours,

Il est certain qu'une Société populaire qui aurait rempli le programme que lui traçait Mazade, eut pu vivre paisible, à l'abri des décrets du gouvernement. Restait à savoir si les membres de la Société populaire entendaient se confiner dans le rôle qu'on voulait leur assigner.

Il semble bien en tout cas que le prestige de la Société populaire diminuat considérablement à partir du moment où la discussion des grands sujets lui fut interdite et dès qu'elle fut dans l'impossibilité de réaliser les décisions qu'elle pouvait prendre. Nous n'avons pas de cette époque des preuves évidentes du zèle qu'elle aurait mis à suivre les indications de Mazade. Mais une pièce, datée du 29 messidor an III, nous montre quelles modifications elle avait subi dans la personne de ses membres comme dans ses idées (1). Cette adresse à la Convention porte en tête le timbre de la Société des amis de la liberté et de l'égalité, mais les citoyens qui l'ont signée se dénomment « membres de la Société républicaine ». Après avoir félicité la Convention d'avoir abattu tous les hydres qui se dressaient sur son passage, elle lui en indique un dernier à abattre ; c'est.... le droit qui est laissé aux fermiers de payer leurs baux de ferme en argent ou en assignats et d'après le même tarif qu'avant la révolution. Les soussignés démontrent l'injustice de cet état de choses ; vu la cherté des vivres, le canon d'une ferme de moyenne importance permet à peine au propriétaire d'acheter de la subsistance pour une décade. Ils demandent qu'on adopte un système plus

____

(1) Adresse des citoyens réunis en Société républicaine à la Convention nationale. Imprimée par ordre de cette société à la demande des tribunes. Chez C. Lamort, imprimeur et membre de la Société républicaiue. (Bibl. de Nancy, fonds lorrain, n° 1619).

équitable et qu'on oblige le fermier « à donner autant de grains que le canon en représentait à l'époque de la passation du bail ».

Il y eut cependant encore quelques discussions orageuses, si nous en croyons la plainte qui fut faite contre le citoyen Saint-Jacques, agent des messageries nationales à Metz, transmise par Tallien à la commission des transports et renvoyée pour enquête à la municipalité de Metz (1). Il parait que Saint-Jacques aurait, dans une séance publique, fait la motion d'égorger tous les hommes au-dessus de 60 ans comme bouches inutiles et que, tirant un poignard de sa poche, il aurait invité les assistants à le suivre en promettant de donner l'exemple.

Vraie ou fausse, cette accusation montre que le temps n'était plus aux propositions radicales, d'autre part que la Société avait perdu son droit de surveillance sur les autorités et que c'était à son tour d'être soumise à la surveillance de la municipalité. Mais ce qui mérite d'attirer particulièrement notre attention c'est que cette plainte fut imprimée à un très grand nombre d'exemplaires à en juger par ceux qui subsistent. Nous sommes amenés à nous demander s'il n'y eut pas là une manœuvre analogue à celle dont usa jadis le directoire lors de l'affaire des piques et si cette accusation n'avait pas pour but, comme la précédente, de compromettre la Société.

(1) Les membres composant la commission des transports militaires, postes, messageries et remontes à la municipalité de Metz. Paris, le 20 prairial, l'an iii de l'ère républicaine.

Ce n'étaient cependant ni les fureurs de Saint Jacques, ni les dénonciations des autorités messines qui devaient amener la dissolution de la Société. Le décret qui en ordonna la fermeture était un décret d'ordre général qui s'appliquait à tous les clubs de France.

Les autorités mirent, en tout cas, une promptitude remarquable à le mettre à exécution. Ce décret adopté par la Convention le 6 fructidor, an III, fut transmis le 11 par le district à la municipalité (1) et le même jour le conseil général de la commune chargeait deux de ses membres, les citoyens Paixhans et Bodart d'en assurer l'exécution (2).

La salle fut fermée et, le 14 fructidor, le conseil général arrêtait que les mêmes commissaires feraient « mettre sous les scellés les papiers de la société, dont le dépot doit être fait au secrétariat de la municipalité (3) ».

Nous n'avons trouvé nulle part des preuves que cette suppression ait suscité des troubles ou des protestations. D'ailleurs les membres les plus violents de la Société n'en faisaient plus partie, d'autres s'étaient ralliés au nouvel ordre de choses, prêts à se rallier également à tous les gouvernements qui allaient se succéder en France.

(1) Délibérations du directoire du district de Metz. Séance publique du 11 fructidor, an III.

(2) Délibérations du conseil général de la commune de Metz. 11 fructidor, an III.

(3) Délibérations du conseil général de la commune de Metz. 14 fructidor, an III.

L'esprit qui avait animé la Société populaire ne disparut pas cependant avec elle, et la crainte de voir se reformer un club des Jacobins hanta pendant longtemps encore la pensée des modérés qui, avec Barbé Marbois, avaient repris possession de la municipalité de Metz. Voici en quels termes s'exprime sur les derniers membres du parti jacobin, le conseil général de la commune dans la lettre à l'administration supérieure, qu'il rédigea, à la séance du 13 fructidor, an III, pour lui faire connaître l'esprit public : « Ils n'ont pas perdu tout espoir, ils se rassemblent, ils correspondent. Paris est le centre de leurs mouvements... L'anéantissement des clubs leur a fait cependant une blessure profonde, mais ils conservent encore les germes de l'association, ils regardent comme leurs fidèles la plupart des désarmés; ils entretiennent même des relations avec ceux de leurs anciens amis qui ont abjuré leurs maximes soit en réalité soit en apparence, et s'il était possible que l'autorité rentrat un seul instant dans leurs mains, elle y serait aussitôt consolidée par le rétablissement des sociétés jacobines sous quelque autre dénomination ».

Les efforts de la municipalité tendirent dès lors à empêcher la renaissance des sociétés politiques quelles qu'elles fussent.

Elle obtint du directoire qu'il fermat, à la date du 12 germinal, an VI, une société qui s'était formée à Metz sous le nom de « Cercle constitutionnel » et qui selon les termes de l'arrêté était dirigée « par des agitateurs qui y prêchent l'anarchie et la discorde, qui ne s'occupent que de dénonciations et y font violer journellement la constitution et les lois ».

Le 16 germinal suivant, l'administration municipale décida de dissoudre également les petites sociétés, connues sous le nom de « Tabagies » sous prétexte qu'elles n'étaient que des fractions du cercle constitutionnel : « elles ne sont pas ouvertes indistinctement à tous citoyens, elles ont des règlements imprimés, un mode particulier d'admission et d'exclusion, elles ont des chefs ou régulateurs et correspondent entre elles par députations ».

Il devait suffire bientôt que des citoyens s'assemblassent pour paraître jacobins, qu'une société opérat une sélection parmi ses membres pour devenir dangereuse. L'administration municipale en arriva à or-. donner le 25 brumaire an vi, la fermeture de la société dite « Société de Nexirue » qui pourtant ne s'occupait qu'à organiser des bals. « Mais, disent les termes de l'arrêté, à l'exemple des sociétaires de l'année dernière, ceux de l'année actuelle soumettent les candidats à un scrutin épuratoire, dont le résultat est l'expulsion de citoyens qui ont montré de l'attachement à la chose publique ».

Ainsi les hommes, qui avaient repris en main la direction de l'administration de la ville, en arrivaient, dans leur terreur de voir se ranimer le vieil esprit jacobin, à poursuivre toutes les institutions qui pouvaient permettre à l'opinion publique de se manifester.

Ils ne devaient que trop bien réussir dans leurs efforts. La voix du peuple qui s'était élevée un mo-

ment si puissante, ne devait plus se faire entendre.
Les révolutions allaient se succéder, amenant avec
elles des changements de dynastie, l'ennemi même
pouvait venir s'installer dans leurs foyers sans que les
Messins, habitués au silence, exprimassent leurs sentiments autrement que par la bouche de leurs magistrats et de leurs représentants.

PIÈCES JUSTIFICATIVES

**I. — Réglement de la Société des Amis de la Consti-
tution, à Metz, de l'imprimerie de Lamort, 1790.**

Le désir et peut-être le besoin de communiquer ses
idées, quand on est intimement persuadé qu'elles
sont utiles, rapprochent naturellement ceux qui ont
les mêmes pensées sur les mêmes objets; et des citoyens qui ne se proposent que le bonheur de l'humanité et la défense de ses droits les plus chers ne
tardent point à s'unir entre eux par les liens de l'estime, de la confiance et de l'amitié. La nation recueille
de cette union les fruits les plus précieux.

L'homme le plus zélé pour les intérêts de sa patrie
ne peut se suffire à lui-même pour faire éclore les projets qui doivent assurer la félicité publique ; ou l'enthousiasme le porte au-delà du vrai, précipite sa
marche et lui fait manquer son but ; ou trop de défiance en lui-même l'empêche de se laisser guider par
ses propres lumières et le fait céder aux obstacles
qu'il rencontre.

Des discussions profondes, des entretiens paisibles
entre des citoyens qu'un même désir anime, corrigent

les écarts du génie, et fixent les idées de celui qui, plus défiant, alloit faire le sacrifice de ses lumières. Du choc des opinions résulte une opinion générale, sage et modifiée, selon la nature des circonstances; tous les membres de l'association l'adoptent et se l'approprient; en la propageant, et la défendant, ils se croient environnés de leurs amis, ils sont soutenus de leurs raisons, aidés de leurs motifs. Ce n'est plus un homme isolé qui cherche à persuader et à convaincre : c'est une société entière qui parle par l'organe de chacun des membres qui la composent.

Dès les premières séances de l'Assemblée nationale, plusieurs de ses membres conduits par les principes du patriotisme le plus pur et le plus désintéressé, se lièrent étroitement à ceux qui, dans les discussions, se montrèrent animés des mêmes principes. Ils formèrent ensemble une société d'amis de la constitution; leur objet fut de discuter d'avance les questions qui devoient être traitées dans l'Assemblée nationale.

L'on reconnut bientôt l'utilité de cette association. Un grand nombre de particuliers sollicitèrent et obtinrent l'honneur d'y être admis. Il s'en établit de semblables dans plusieurs villes du Royaume. Elles furent, ou agrégées à celle de la capitale, ou formées sur son modèle.

La Société des amis de la constitution, établie dans cette ville, réunit ces deux avantages : elle s'est formée sur le modèle de l'association de Paris ; elle a reçu l'honneur de lui être intimement unie. La plus grande partie des membres de l'Association de la Capitale est composée de ces hommes précieux à la France, que le génie tutélaire de ce beau royaume avait destinés à en être les restaurateurs. La société de Metz établira entre eux et elle un heureux commerce de lumières; elle s'efforcera de contribuer à leurs succès, en travaillant de concert avec eux à l'établissement et à l'affermissement de la constitution.

La Société de Metz recevra au nombre de ses membres tous ceux qu'un patriotisme éclairé rendra propres à répandre les principes de l'Assemblée nationale, qui se voueront à l'accomplissement de ses décrets, respecteront la dignité de l'homme et connaîtront ses droits, auront le courage de faire entendre le langage ferme et paisible de la vérité au milieu des clameurs de la calomnie et du mensonge.

Elle ne refusera point de s'associer ceux qui, voyant les richesses de l'Etat et les honneurs qu'il dispense devenus la proie d'une certaine classe de citoyens, se contentoient d'en gémir en secret, et ne cherchoient plus le bonheur que dans la jouissance de leurs fortunes, ou dans un cercle d'amusements frivoles; elle espère leur donner de l'énergie et leur inspirer l'idée de se rendre utiles : en voyant se former un nouvel ordre de gouvernement, ils ne fermeront point l'oreille à la voix de la patrie qui réclame les secours de leurs talens.

Enfin l'amour de la liberté et l'accord des loix avec elle ; un concert parfait de sentimens ; une union des volontés ; une conformité d'opinions et de principes ;

une fraternité civile qui ne fera de toute la France qu'une seule famille ; le sacrifice de l'intérêt particulier à l'intérêt public, et le dessein de persuader ceux qui sont encore incapables de ce généreux effort; telles sont les vues qu'elle désire trouver dans ceux qui seront admis dans son sein. Elle est soutenue dans ses travaux par l'espérance de pouvoir contribuer, avec l'Assemblée nationale à établir sur une base solide le salut de l'état, le bonheur de tous.

Les articles du réglement, qui vont suivre, feront connoître, plus particulièrement encore, et l'esprit qui anime la société et le but qu'elle se propose.

Article Premier.

Le nombre des membres de la société n'est point limité.

Art. II.

On recevra indistinctement, toute personne proposée par un membre de la Société, appuyée par trois autres membres, et contre l'admission de laquelle il n'y aura ni réclamation ni opposition.

Art. III.

La personne proposée ne devra être appuyée que de trois membres.

Art. IV.

En cas de réclamation, il sera sursis à l'admission pendant huitaine.

Art. V.

Si lors de la proposition ou à l'échéance de l'ajournement, il y a opposition, elle sera motivée et dans ce cas seulement il sera fait usage du scrutin.

Art. VI.

Les proposans, appuyans et opposans, seront admis à voter au scrutin.

Art. VII.

Il faudra, lors du scrutin, réunir les deux tiers des suffrages des membres présens, pour être admis.

Art. VIII.

Celui qui, au scrutin n'aura pas réuni le nombre de suffrages déterminé par l'article précédent, ne pourra être proposé de nouveau qu'après le délai d'un mois.

Art. IX.

Les officiers de la société seront un Président, deux Secrétaires et un Trésorier. Le Président sera élu, tous les mois, à la pluralité absolue des suffrages des membres présens, et il ne pourra être réélu qu'après un intervalle d'un mois.

Art. X.

Les Secrétaires seront choisis pour un mois, à la pluralité relative des suffrages ; ils ne pourront l'être de nouveau, qu'après le même délai d'un mois.

Art. XI.

Il sera procédé à l'élection de l'un des secrétaires, en même temps qu'à celle du Président ; et à la prochaine élection le sort décidera lequel des deux Secrétaires sera remplacé.

Art. XII.

Le Trésorier sera élu chaque six mois, à la majorité relative des suffrages des membres présens. Il ne pourra être réélu qu'une seule fois, sans intervalle.

Art. XIII.

Chaque membre de la société remettra, lors de son admission 6 livres, entre les mains du Trésorier, et en outre une quotité de 24 sols, tous les premiers du mois.

Le présent article n'est que provisoire.

Art. XIV.

La société s'assemblera régulièrement les lundi, mercredi et samedi de chaque semaine à cinq heures du soir.

Art. XV.

L'Assemblée sera formée par la présence de la moitié des membres, plus un.

Art. XVI.

On suivra, pour la forme de délibérer, le règlement du comité principal.

Art. XVII.

La société demandera à celles du même genre, établies ou à établir, soit à Paris, soit dans les autres villes du Royaume, affiliation et correspondances avec elles.

Arrêté dans la société des amis de la constitution, le 1er avril 1790.

PERIN,
Président de la société ;
ADAM, BOYER, secrétaires.

**II. — Discours prononcé par le représentant du peuple
en mission dans le département de la Moselle.**

Dans l'Assemblée générale du peuple de Metz convoqué le 4 pluviôse 3ᵉ année républicaine dans la
salle du spectacle de cette commune.

Suivi des arrêtés d'épuration des autorités constituées et de la Société populaire.

Le représentant du peuple en mission dans le département de la Moselle, considérant que, dans ces
derniers temps, la Société populaire de Metz a été
.troublée dans ses délibérations par des huées et des
signes bruyants d'improbation de la part des citoyens
qui fréquentent les tribunes de la société, que d'après
ce fait qui nous a été dénoncé par le comité de surveillance de cette commune on pourrait présumer que
la malveillance a formé le projet d'arrêter la Société
en mettant les sociétaires dans une sorte d'opposition
avec les autres citoyens ; que cependant il importe à
la chose publique de conserver à la société le crédit
et la considération dont elle a besoin pour propager
les bons principes ; que pour y parvenir le moyen le
plus sûr est d'ôter aux malveillants tout prétexte de
reproches ou de calomnies, en faisant l'épuration de
la Société arrête ce qui suit :

ARTICLE PREMIER

La Société populaire de Metz sera épurée.

Art. II.

Pour parvenir à cette opération le représentant du peuple a nommé parmi les membres actuels de la Société les citoyens ci-après désignés au nombre de 25, savoir :

Dominique Aubertin, plâtrier ; Ch. Marc Maréchal, jardinier ; Fiacre Silly, dessinateur ; Antoine François, ferblantier ; Pierre Maréchal, libraire ; François Barthélemy, couverturier ; Nicolas Loizin, parfumeur ; Antoine Huet, chapellier ; François Leloup, couvreur et maçon ; Barthélemy Laval, ancien boulanger ; Claude Lamort, imprimeur ; Jacques Maréchal, charpentier ; Etienne Greffain, frippier ; Octave Choumas, casernier ; Nic Damas Marchand, médecin ; Louis Protsche, charcutier ; J. L Peupion, huissier ; Anatole Daviel, fabricant ; Demaidy l'aîné, ancien aubergiste ; Guillaume Gilles, commis ; Jean Hocquart, confiseur ; François Aubry, messager ; Georges Geib, chirurgien ; Woirhaye, commis ; Nicolas Hergillet, huilier.

Art. III.

Les 25 citoyens désignés dans l'article précédent choisiront dans le sein de la société 75 membres qu'ils s'adjoindront, ce qui portera le noyau au nombre de 100. Ces choix seront faits à l'unanimité des suffrages, autant qu'il sera possible, afin que la Société se réorganise sous les auspices de la fraternité.

Art. IV.

A la séance du 5 pluviôse les 25 feront connaître à la Société le tableau des 15 membres qu'ils auront choisis ; ils déclarent en même temps que les séances publiques de la société sont suspendues pendant cinq jours.

Art. V.

Pendant la suspension des séances publiques, les cent membres, formant le noyau d'épuration, s'assembleront en comité, pour former un règlement de police intérieure pour déterminer le mode, d'après lequel la Société populaire procédera à l'admission des candidats.

Art VI.

Les membres composant le noyau d'épuration réouvriront les séances publiques de la société le 11 pluviôse ; elles seront ensuite continuées aux jours qui seront indiqués par le règlement.

Art. VII.

Les citoyens Peupion et Gilles, secrétaires actuels de la Société, et compris dans le tableau des 25, sont chargés de l'exécution du présent arrêté et d'en donner connaissance à la société.

Fait à Metz le 4 pluviôse, l'an 3 de la République une et indivisible.

L. B. Genevois

III. — J. B. D. Mazade, représentant du peuple, en mission dans les départements de la Moselle et de la Meurthe.

Le représentant du peuple en mission dans les départements de la Moselle et de la Meurthe.

Considérant que par un arrêté du 4 pluviôse dernier le représentant du peuple Genevois, en épurant la Société populaire de Metz, se proposa de lui conserver le crédit et la considération dont elle avait besoin pour propager les bons principes ;

Qu'après son départ et au mépris de ladite épuration il s'est glissé dans ladite société des citoyens qui se trouvaient sous la surveillance de la municipalité d'après les dispositions de la loi, et qui, sans devoir être considérés comme suspects aux termes de la loi du 17 septembre 1793 ne jouissent pas néanmoins du degré de confiance qui leur serait nécessaire pour éclairer l'opinion publique ;

Qu'il s'y en est glissé d'autres qui d'après leurs liaisons bien connues avec les premiers se trouvent passagèrement dans un état de défaveur qui les empêche d'être aussi utiles à leurs concitoyens qu'ils en auraient peut-être envie.

Que dans cet état de choses, il importe d'éloigner temporairement de ladite Société ceux qui, sans alarmer à un certain point offrent pourtant quelques préventions pour ne la composer que d'hommes d'un républicanisme au-dessus de tout soupçon et d'une conduite qui n'appelle aucun reproche.

Que cette dernière épuration laissant subsister un grand nombre de citoyens dans la Société est un garant pour ceux qui ne s'y trouvent pas aujourd'hui que leur éloignement ne sera qu'un état d'épreuve a arrêté et arrête ce qui suit :

ARTICLE Ier

La société populaire de Metz à compter de la publication du présent demeurera définitivement composée des citoyens dont le tableau nominatif est ci-joint.

ART. II.

Lesdits citoyens pourront, d'après les règlements de la société, ou ceux qu'elle jugera à propos de s'imposer admettre dans son sein tous ceux qu'ils voudront s'associer.

ART. III.

La société populaire de Metz étant essentiellement une école républicaine, il n'y sera admis que des citoyens d'un civisme reconnu exempt de tout caractère de suspiscion déterminé par la loi du 17 sept. 1793 (v. s.) et celle du 5 ventôse an III de la République, amis reconnus de la constitution de 1893 et de la République française une et indivisible.

ART. IV.

Les sociétaires auront également égard à la conduite morale de ceux de leurs concitoyens qu'ils voudront s'associer.

Art. V.

Ce double caractère de civisme et de probité détermi-
nera leur admission ou leur rejet.

Art. VI.

Les citoyens qui ont été ci-devant membres de la Société populaire de Metz ne pourront y rentrer que sous
les mêmes conditions et avec les mêmes formes que
ceux qui y seront admis pour la première fois.

Art. VII.

Le Représentant du peuple déclare que, rappelant
sans cesse le règne des vertus républicaines et des vertus morales, il croit rendre la plus haute justice à la Société populaire de Metz et la maintenir dans toute la liberté qu'elle tient de la déclaration des droits de l'homme
et du dernier article de la constitution républicaine et
démocratique des Français.

Art. VIII.

Les citoyens Pécheur, Guéden et Lambert, membres de
la société populaire sont chargés de l'exécution du présent arrêté et de lui en donner connaissance.

Fait à Metz le 11 germinal l'an iii de la République
française une et indivisible.

J. B. D. MAZADE,

Pour le représentant du peuple

Massabeau, secrétaire.

Roederer, membre du bureau de conciliation ; Colchen, juge de paix ; Daviel, fabricant de draps ; Tourdes, médecin ; Morhain l'aîné, huissier ; Gremillet, médecin ; Lepayen, directeur des diligences ; Bouqueton, citoyen de Metz ; Woirhaye, commis à l'hôpital fixe ; Semellé, receveur du grenier à sel ; Ricard, commissaire des guerres ; Marchand, médecin ; Lasson, chef de bureau au trésor ; Jacob, membre du district ; Bréton, substitut de l'agent national de la commune ; Pyrot, administrateur du département ; Barthelémy, ex-administrateur ; Henriet, commissaire des guerres ; Cunin, président du tribunal du district ; Lebrun, ingénieur de la commune ; Peupion, huissier ; Lamort, imprimeur ; Auburtin, officier municipal ; Pécheur, agent national du district ; Pirçon, chirurgien de l'hôpital fixe ; Jacques Spol, fourbisseur ; Ledantu, horloger ; Maréchal, juge de paix ; Lalaubie, médecin ; Després, pharmacien en chef ; Trotyanne, administrateur du département ; Galand, cultivateur à Novéant ; Volmerange, greffier de la police correctionnelle ; Albert, administrateur du département ; Hennesienne, président du district de Bitche ; Bize, commis au département ; Blampain, administrateur du district ; Marechal, chirurgien de première classe ; Christophe, chef du bureau des impositions au district ; Bertin, receveur du district ; Seruzier, chirurgien en chef de l'hospice du Midi ; Semellé, capitaine de hussards ; Perin, cirier ; Absolonne l'aîné, juge de paix ; Toussaint, sellier ; Axel, médecin ; Jaunez, architecte ; Dusoleil père, ancien pharmacien ; Bouland père, capitaine de la garde nationale ; Lalance, marchand ; Gentit, aide-de-camp de la garde nationale ; Ibrelisle, chirurgien en chef de l'hôpital fixe de Metz ; Paixhans, négociant ; Roussel l'aîné, confiseur ; Volmerange, marchand ; Cheuvreuse, pharmacien ; Hautpierre, conseing de la porte des Allemands ; Delbove, commandant de bataillon ; Beaudouin, officier municipal ; Chonez, ancien caissier ; Leclerc, officier municipal ; Parra, médecin ; Barthélemy fils, chirurgien ; Barthélemy père, ancien fabricant ; Laval, ancien boulanger ; Maréchal, charpentier ; Greffaing, frippier ; Gilles, receveur de l'enregistrement ; Hocquart, confiseur , Aubry, messager ; Absolonne le jeune, notable ; Bertrand, commissaire national ; Gérardin, négociant ; Bertrand, membre de la commune ; Vimbourg, membre de la commune ; Gauthier fils, négociant ; Belleval, artiste dramatique ; Maguin, fayancier ; Hollande père, membre de la commune ; Beclin, caffetier ; Debras, quartier-maître de la garde nationale ; Mayot, chef de légion ; Gaspard, administrateur du district de Metz ; Devilly, libraire ; Praslin, notable ; Beaudesson, agent national de la commune ; Emmery, receveur de la commune ; Pichard, administrateur du district ; Luc Marly, négociant ; Gallez, orfèvre ; Grandchamp, directeur de l'arcenal ; Gougeon fils, administrateur du district ; Godvaltz, capitaine de gendarmerie ; Jacquet, colonel de la gendarmerie ; Jacquin, tourneur ; Laquiez, juge de paix ; Gand, accoucheur ; Soulet, commandant de bataillon ; Simon, administrateur du district ; Woirhaye, juge de paix ; Verdin, officier d'artillerie ; Crepy, perruquier ; Thiriot, jardinier ; Levert, chirurgien ; Lami Lagravierre, notable ; Adam, secrétaire de la commune ; Bessieres, général de la division ; Thie-

BAUT, commis aux vivres ; MARLY fils, adjudant ; PIERSON, marchand ; BÉLIN ; commissaire des guerres ; DAUPHIN, greffier du tribunal criminel ; GORCY, médecin en chef de l'armée de la Moselle ; DEMANGE, garde d'artillerie ; PERCY, chirurgien-major de l'armée ; GOURNAY, ancien militaire ; GEISLER, notable, architecte ; HARDOUIN, maçon ; LAMBERT, secrétaire général du département ; JACQUINOT, maréchal-des-logis de la commune ; LE GO, ancien quartier juré ; LELORRAIN, chirurgien ; MALLAIRE, rentier ; MARICHAL, cabaretier ; MÉAUX, notable ; NAURATH, commis imprimeur ; PIOCHE père, inspecteur des charrois ; PIERRON, président du tribunal de commerce ; JACOB BEER, médecin ; PASQUIER, sellier-carrossier ; PONCELET, juge militaire ; MICHEL, juge militaire ; ROUSSELOT, ollicier municipal ; BOULAND fils ; GUEDEN, notaire : GOBERT, maître de la poste aux chevaux ; LAMARLE, notaire ; MICHEL DUTENNETAR, médecin ; CHARMEIL, chirurgien-major ; MARCUS, pharmacien ; BOICHEGRAIN, grenetier ; BOICHEGRAIN, pharmacien ; POINSIGNON, président du district ; PURNOT, administrateur du département ; LALLEMAND, chirurgien ; BOVARD, secrétaire du juge de paix ; GENTIL, médecin ; DENESLE, directeur du spectacle : PROTSCHE, chaircuitier ; DEMAIDY, ancien aubergiste.

Arrêté la liste des sociétaires ci-dessus, pour être celle qui doit former définitivement le noyau de la Société épurée, au désir de l'arrêté de ce jour 11 germinal an 3 de la république française une et indivisible.

J. B. D. MAZADE

A Metz, chez Antoine, imprimeur des autorités constituées.

IV. — **Membres** du bureau nommés dans les procés-verbaux.

1 avril 1790.	PÉRIN, président; ADAM, BOYER> secrétaires.
13 décembre 1790.	BAUSIN, président ; LAMARRE, GASPARD, secrétaires.
8 juin 1791.	BARTHÉLEMY, président ; BARTE, BODARD fils, BERTRAND, secré-taires.
30 avril 1793.	ADAM, vice-président ; REMOISSE-NET, secrétaire.
27 mai 1793.	TROTEBAS, président; RICHARD, VIVILLE, secrétaires.
9 juin 1793.	RICHARD, président; MORHAIN, THIÉBAULT, secrétaires.
23 brumaire an II.	DUPLEIT, président ; HENNEQUIN, DAILLY, secrétaires ; PROTCHE, trésorier.
6 frimaire an II.	MORHAIN, président; GEIB, secré-taire.
2 nivôse an II.	TROTEBAS, président; BRAUX, se-crétaire ; PROTCHE, trésorier.
13 floréal an II.	HUIN le jeune, président; VIVILLE, PEUPION, secrétaires; SÉNEPART, archiviste.
s.d.	DEFRANCE, président; THIÉBAULT, VIVILLE, secrétaires.

4 pluviôse an III. PEUPION et GILLES, secrétaires.

29 messidor an II. ADAM le jeune, président; SENÉPART, secrétaire-archiviste; PATOCKY, secrétaire.

13 thermidor an II. ADAM le jeune, président; VESCO et LALLIÉ, secrétaires; PROTCHE, trésorier.

TABLE DES MATIÈRES.

www.ingramcontent.com/pod-product-compliance
Ingram Content Group UK Ltd.
Pitfield, Milton Keynes, MK11 3LW, UK
UKHW020915120726
13693UKWH00003B/1026